Die Autorinnen

Gabriele Bechler-Minack	*Rechtsanwältin in Hamburg*
Sabine Bley	*Rechtsanwältin in Leipzig*
Dr. Ursula Brandt-Janczyk	*Juristin*
Renate Eckoldt	*Rechtsanwältin in Hamburg*
Gisela Frederking	*Rechtsanwältin in Hamburg*
Gisela Friedrichs	*Rechtsanwältin in Hamburg*
Gisela Gebauer	*Rechtsanwältin in Hamburg*
Angelika Gregor	*Rechtsanwältin in Hamburg*
Renate Hanneberg	*Rechtsanwältin in Leipzig*
Barbara Hüsing	*Rechtsanwältin in Hamburg*
Christl Jürgens	*Rechtsanwältin in Hamburg*
Bettina Meinhardt	*Rechtsanwältin in Leipzig*
Nanette Mramor	*Rechtsanwältin in Hamburg*
Ursel Müller-Fahron	*Rechtsanwältin und Notarin in Norderstedt*
Barbara Münscher	*Rechtsanwältin in Hamburg*
Sigrid Nolte-Schefold	*Rechtsanwältin in Frankfurt / Main*
Bärbel Pfeiffer-v. Bültzingslöwen	*Rechtsanwältin und Notarin in Norderstedt*
Susanne Pötz-Neuburger	*Rechtsanwältin in Hamburg*
Petra Rogge	*Rechtsanwältin in Hamburg*
Anita Roggen	*Rechtsanwältin in Hamburg*
Sabine Scholz	*Juristin, Hochschulfrauenbeauftragte in Flensburg*
Brigitte Steininger	*Richterin am Familiengericht Hamburg*
Heike Wagner	*Rechtsanwältin in Hamburg*
Ursula Wens	*Rechtsanwältin in Hamburg*
Christl Zimmermann	*Rechtsanwältin in Leipzig*

Scheidungsratgeber von Frauen für Frauen

Überarbeitete und erweiterte Neuausgabe

Rowohlt

92.–96. Tausend März 1995

Originalausgabe
Veröffentlicht im Rowohlt Taschenbuch Verlag GmbH,
Reinbek bei Hamburg, November 1987
Copyright © 1987 by Rowohlt Taschenbuch Verlag GmbH,
Reinbek bei Hamburg
Umschlaggestaltung Susanne Müller
Zeichnungen Birgit Kiupel
Satz Garamond (Linotronic 500)
Gesamtherstellung Clausen & Bosse, Leck
Printed in Germany
1290-ISBN 3 499 19666 2

Inhalt

3. KAPITEL

Was wird aus den Kindern?   46

4. KAPITEL

Wovon lebe ich während der Trennungszeit?   71

9. KAPITEL

Was habe ich vom Versorgungsausgleich zu erwarten?

10. KAPITEL

Was sind die Besonderheiten in den neuen Bundesländern?

Vorwort

Dies ist ein Buch von Frauen für Frauen. Es ist eine Gemeinschaftsarbeit von 25 Juristinnen (überwiegend Hamburger Rechtsanwältinnen) und ist entstanden aus unseren konkreten Erfahrungen im Berufsalltag.

Wir haben versucht,
- juristisch einwandfrei und zugleich verständlich die Rechte der Frauen bei Trennung und Scheidung aufzuzeigen;
- von den Interessen der Frauen auszugehen, wobei wir wissen, daß diese Interessen nicht bei allen Frauen gleich gelagert sind;
- praktische Hinweise zu geben und die Probleme zu besprechen, die im Zusammenhang mit Trennung und Scheidung auftreten können. Dabei haben wir die einzelnen Situationen von der Trennung bis nach der Scheidung dargestellt.

Wir möchten mit dem Buch einen Beitrag dazu leisten, daß Frauen sich über ihre Rechte informieren und diese auch durchsetzen können. Es sind immer noch die Frauen, die sich vorrangig um Familie und Haushalt kümmern und deshalb oft ihre eigenen Bedürfnisse in der Ehe zurückstellen. Wir möchten Frauen ermutigen, die Trennung vom Ehemann auch als Möglichkeit zu einem weniger abhängigen Neuanfang zu begreifen.

Selbständigkeit bedeutet heute auch, materiell unabhängig zu sein, also eine Berufstätigkeit und eigenes Einkommen zu haben. Dies wird nicht allen Frauen möglich sein. Frauen, die bei Heirat oder nach der Geburt der Kinder ihre Berufstätigkeit aufgaben, haben häufig Schwierigkeiten mit dem Wiedereinstieg in das Erwerbsleben. Frauen, die nach der Trennung kleine Kinder zu versorgen haben, können gar nicht oder nur eingeschränkt berufstätig sein. In all diesen Fällen wird die

Frau weiter auf Unterhaltszahlungen des Ehemannes angewiesen sein. Den Unterhaltsansprüchen von Frauen nach der Trennung und Scheidung haben wir zwei ausführliche Kapitel gewidmet.

In vielen Fällen wird das Einkommen des Ehemannes nicht ausreichen, um den Unterhalt von Frau und Kindern sicherzustellen. Deshalb haben wir auch dargestellt, von welchen staatlichen Stellen diese Frauen Unterstützung beziehen können. Auch Fortbildungsmaßnahmen und Umschulungen können helfen, werden aber nicht in ausreichendem Maße angeboten.

Aus der praktischen Erfahrung haben wir Musterbriefe mit erfundenen Namen und Adressen entworfen. Dabei bedeutet die Verwendung der Hamburger Anschrift, daß die Frau in der Ehewohnung geblieben ist; die Berliner Anschrift haben wir verwandt, wenn es um die Angelegenheiten einer Frau geht, die aus der Ehewohnung ausgezogen ist.

Unser Ratgeber kann nur allgemein über die Rechte bei Trennung und Scheidung informieren. Für die betroffene Frau wird aber anwaltlicher Rat unentbehrlich sein, der ihre individuelle Situation berücksichtigt. Diesen kann und will unser Buch nicht ersetzen.

Die erste Fassung unseres Scheidungsratgebers von Frauen für Frauen erschien 1978. Da die letzte Überarbeitung im Frühjahr 1989 stattgefunden hatte, ist jetzt die Neuauflage erforderlich geworden.

In ihr haben wir den Stand von Gesetzgebung und Rechtsprechung bis zum 31.12.1993 berücksichtigt.

Die Neuauflage haben wir um ein Kapitel «Steuern» erweitert.

Ebenfalls wurde ein eigenes Kapitel über Besonderheiten in den neuen Bundesländern hinzugefügt, das Leipziger Kolleginnen verfaßt haben.

Nicht alle Trennungen müssen im Streit verhaftet bleiben. Viele Eheleute versuchen, sich gütlich zu einigen und dadurch die Härten der Trennung und Scheidung für ihre Familie zu mildern. Auch wir ermutigen dazu in vielen Zusammenhängen und informieren im 1. Kapitel über Vereinbarungen während des Getrenntlebens.

Am Ende des 1. Kapitels stellt diese Neuauflage in einem besonderen Abschnitt «Mediation» als eine neuentwickelte, nicht vorrangig juristische Form der Konfliktbearbeitung vor.

Die Autorinnen

Ich will mich von meinem Mann trennen

1977 wurde das Scheidungsrecht grundlegend erneuert. Sie können sich scheiden lassen, ohne daß einer dem anderen Schuldvorwürfe machen muß. Das Gericht stellt lediglich fest, daß die Ehe zerrüttet ist. Dafür ist Voraussetzung, daß Sie mindestens ein Jahr von Ihrem Ehemann getrennt leben. Es ist deshalb «erlaubt», sich vom Ehemann zu trennen, und es ist unwichtig, wer von den Eheleuten die Trennung vollzieht. Ein «böswilliges Verlassen» gibt es nicht mehr. Die Tatsache der Trennung hat keinen Einfluß auf Ihren Unterhaltsanspruch gegen Ihren Ehemann oder das Sorgerecht für die Kinder. Wenn Sie sich von Ihrem Ehemann trennen, um zu einem anderen Mann zu ziehen, und mit diesem zusammenleben, kann dieses nachteilige Auswirkungen für Ihren Unterhaltsanspruch haben.

Aufgrund unserer Erfahrungen empfehlen wir Ihnen, sich bei einer Anwältin zu informieren, bevor Sie sich trennen.

1. Was heißt Getrenntleben, und wann wird die Trennungszeit unterbrochen?

Ein Getrenntleben im Sinne des Gesetzes liegt sicherlich dann vor, wenn Sie oder Ihr Ehemann aus der Ehewohnung ausgezogen sind. Schwieriger ist die Abgrenzung, wenn Sie oder Ihr Ehemann nicht gleich eine neue Wohnung finden, sondern das Getrenntleben innerhalb der Ehewohnung durchführen wollen. In einem solchen Fall wird eine räumliche Aufteilung der Ehewohnung verlangt, außerdem dürfen Sie mit Ihrem Ehemann keinen gemeinsamen Haushalt mehr führen,

d. h. ihn nicht versorgen, wie z. B. Wäsche waschen, Strümpfe stopfen, ihn nicht bekochen.

Schon zu diesem Zeitpunkt ist es ratsam, getrennte Kasse einzuführen. Wenn Sie selbst Einkommen haben, sollten Sie sich ein eigenes Konto einrichten, auf das von jetzt an Ihre Einkünfte überwiesen werden.

Damit es in einem späteren Scheidungsprozeß keinen Streit über den Trennungszeitpunkt gibt, ist es wichtig, ihn festzulegen. Dieses kann z. B. durch ein Schreiben Ihrer Anwältin an Ihren Ehemann geschehen oder auch durch ein Schreiben, das Sie selbst an Ihren Ehemann richten. Vergessen Sie nicht einen Durchschlag für sich selbst. Es ist gleichgültig, ob Ihr Ehemann mit der Trennung einverstanden ist oder nicht. Es kommt nur auf Ihren Willen und Ihre Erklärung an sowie darauf, daß die Trennung wirklich vollzogen wird.

Wir haben für Sie folgenden Musterbrief entworfen:

Traute Stark
Am Markt 17
20357 Hamburg

Persönlich

Herrn
Hans Stark
bei Firma...
(Arbeitsstelle)   Hamburg, den...

Um Unklarheiten zu vermeiden, möchte ich Dir mitteilen, daß ich ab sofort von Dir getrennt leben werde.

Solange wir noch auf unsere gemeinsame Wohnung angewiesen sind, werde ich mir meinen eigenen Lebensbereich im bisherigen Wohnzimmer schaffen; Dir steht das andere Zimmer zur Verfügung.
    Ich werde in Zukunft weder für Dich kochen noch Deine Wäsche waschen.
    Bitte halte Dich daran!

                                                               Traute

Die Trennungszeit wird nicht unterbrochen, wenn Sie für eine «kürzere Zeit» wieder mit Ihrem Mann zusammenleben, sich dann aber wieder trennen, der «Versöhnungsversuch» also gescheitert ist. Auch ein gemeinsamer Urlaub unterbricht die Trennungszeit nicht. Gelegentliche Besuche oder ein von vornherein zeitlich begrenztes Zusammensein sind ebenfalls unproblematisch.

2. Streit um die Ehewohnung

Wenn Sie allein oder mit den Kindern die Ehewohnung behalten wollen, Ihr Ehemann aber nicht bereit ist, auszuziehen, können Sie gerichtliche Hilfe in Anspruch nehmen. Das Gericht kann Ihnen die Ehewohnung vorläufig zur alleinigen Nutzung zuweisen. Voraussetzung ist allerdings, daß nur auf diese Weise eine «schwere Härte» vermieden werden kann. Bei der Beurteilung der «schweren Härte» stehen im Vordergrund Fälle der Mißhandlung, Bedrohung von Ehefrau oder Kindern. Wegen des großen Wohnungsmangels kann der Richter die Wohnung auch zwischen Ihnen und Ihrem Mann zur Benutzung aufteilen. Vergleiche dazu im einzelnen 2. Kapitel (S. 33 ff).

3. Belästigung durch den Ehemann nach Auszug

Zieht Ihr Ehemann aus, kommt aber trotzdem häufig in die Ehewohnung und belästigt Sie, können Sie beim Gericht einen Antrag stellen, daß ihm das Betreten der Ehewohnung verboten wird. Ist Ihr Mann endgültig ausgezogen, dürfen Sie übrigens ein neues Schloß einbauen lassen.

Wenn Ihr Mann Sie auch weiterhin nicht in Ruhe läßt, weil er Sie beleidigt, bedroht oder gar mißhandelt, Sie ständig zu Hause oder auf Ihrer Arbeitsstelle anruft, vor Ihrem Hauseingang auf Sie wartet oder ein Gespräch mit Ihnen erzwingen will, an das Fenster klopft oder Sie anderweitig belästigt oder verfolgt, dann können Sie ihm dieses Verhalten durch das Gericht verbieten lassen. Hält Ihr Mann sich nicht an den Gerichtsbeschluß, kann ihm auf Antrag ein Zwangsgeld oder sogar Zwangshaft auferlegt werden.

4. Woran sollte ich unbedingt denken, wenn es zur Trennung kommt?

Nehmen Sie Ihre gesamten persönlichen Unterlagen an sich: Geburtsurkunde, Heiratsurkunde, Ausweispapiere, Zeugnisse, Sparbücher, Krankenscheine (notieren Sie die Mitglieds- bzw. Versicherungsnummer), Lohnsteuerkarte, den letzten Einkommensteuerbescheid, sonstige Arbeitspapiere, Ihre Versicherungskarte – auch wenn Sie längere Zeit nicht berufstätig waren.

Wenn Sie Kinder mitnehmen, denken Sie auch an deren Unterlagen: Geburtsurkunden, Kinderpässe, Impfpässe, Schulzeugnisse, Sparbücher.

Wenn Sie für sich oder die Kinder Unterhalt von Ihrem Ehemann verlangen wollen, fotokopieren Sie zusätzlich die Einkommensnachweise Ihres Ehemannes (möglichst für die letzten zwölf Monate). Achten Sie auch auf evtl. Zahlungen von Urlaubs- und Weihnachtsgeld. Für den Fall, daß Ihr Ehemann selbständig ist, fotokopieren Sie die letzten drei Einkommensteuerbescheide und Steuererklärungen. Auch Belege über evtl. Nebeneinkünfte Ihres Ehemannes sind wichtig.

Sowohl für Ihre Unterhaltsansprüche als auch für evtl. spätere Zugewinnausgleichsansprüche ist es wichtig, daß Sie sich einen Überblick verschaffen über das gemeinsame Vermögen oder das Vermögen Ihres Ehemannes, z. B. Wertpapiere, Sparguthaben, Lebensversicherungen, Bausparverträge. Fotokopieren Sie, wenn möglich, die Unterlagen.

Wichtig ist, daß Sie über bestehende Schulden informiert sind: Haben Sie oder Ihr Mann Darlehen aufgenommen? Haben Sie gemeinsame Darlehensverträge unterschrieben? Ist das Girokonto überzogen? Bestehen private Schulden? Kopieren Sie sich die entsprechenden Unterlagen (Darlehensverträge, Kontoauszüge etc.)

Kennen Sie Ihre laufenden Belastungen, wie z. B. Miete, Telefon, Strom, Heizung, Tilgungsraten für evtl. Darlehen, Lebensversicherungsprämien, Haftpflicht- und Hausratsversicherung? Machen Sie sich auch hierzu Notizen, besser noch Fotokopien.

Wenn Sie oder Ihr Ehemann oder Sie beide gemeinsam Haus- oder Wohnungseigentümer sind, fotokopieren Sie alle Unterlagen, die das Haus bzw. die Wohnung betreffen, z. B. Grundbuchauszug, die auf Ihrem Haus bzw. Ihrer Wohnung lastenden Hypotheken oder Grundschulden sowie die monatlichen Belastungen, die Ihnen hieraus erwachsen. Notieren Sie außerdem die laufenden Lasten für Ihr Eigentum, wie z. B. Wohngeld, Grundsteuer, Müllabfuhr, Wasser, Feuerkasse etc.

5. Was darf ich beim Auszug mitnehmen?

Wenn Sie entschlossen sind, aus der Wohnung auszuziehen, können Sie mitnehmen: Alle persönlichen Dinge wie Kleidung, Schmuck, Dokumente (Sparkassenbücher, Heiratsurkunde), Ihre Familienfotos, Sportausrüstung, Geschenke, die man Ihnen gemacht hat, Familienandenken. Außerdem alle Sachen, die Sie zu Ihrer Berufsausübung benötigen. – Auf der anderen Seite dürfen Sie die persönlichen Dinge Ihres Ehemannes nicht mitnehmen.

Wenn Sie Gegenstände aus dem Hausrat mitnehmen wollen, also Möbel, Geschirr etc., sollten Sie versuchen, sich mit Ihrem Mann über die Verteilung des Hausrats zu einigen. Gelingt Ihnen eine Einigung über die Aufteilung des gesamten Hausrats, die Sie beide als endgültig

betrachten, so halten Sie schriftlich fest, was jeder von Ihnen bekommen soll, und unterschreiben Sie beide.

Manche Ehemänner wirken nicht bei einem solchen Einigungsgespräch mit, überlassen es aber der Frau, was sie bei ihrem Auszug erst mal mitnehmen will. Dann sollten Sie die Gesichtspunkte beachten, die auch das Gericht bei einer Hausratsentscheidung zugrunde legen würde:

Es gilt die Faustregel, daß der Richter Ihnen die Gegenstände zuweisen würde, die Sie zur Führung eines eigenen Haushalts dringend benötigen. Umgekehrt muß dem Ehemann so viel belassen werden, daß auch er noch in der Lage ist, einen eigenen Haushalt zu führen. Werden die Kinder in Zukunft bei Ihnen leben, so werden Sie nicht nur die Sachen der Kinder – also die Kinderzimmereinrichtung und natürlich die Kleidung und das Spielzeug der Kinder – benötigen, sondern auch mehr vom Hausrat, z. B. die Waschmaschine. Dabei spielt es auch keine Rolle, wer die Sachen ursprünglich mit in die Ehe gebracht hat oder ob sie gemeinsam angeschafft wurden. Es kommt darauf an, ob Sie und die Kinder bestimmte Gegenstände *jetzt* notwendig brauchen.

Verweigert Ihr Ehemann Ihnen, bei Ihrem Auszug Hausrat mitzunehmen, so entscheidet das Familiengericht auf Ihren Antrag hin. Weil Sie sich ja gerade erst trennen, wird das meistens eine *vorläufige* Hausratsentscheidung des Familiengerichts sein. Diese Aufteilung nimmt der Richter «nach Billigkeit» vor, das heißt: sie soll sinnvoll sein und Ihre persönliche Lebenssituation berücksichtigen. Hier wird der Richter Ihnen zunächst nur den Hausrat zuweisen, den Sie dringend für Ihre neue Haushaltsführung benötigen.

Es kann sein, daß die *endgültige* Hausratsaufteilung daran einiges ändert. Bei ihr soll daran gedacht werden, daß die verteilten Gegenstände sich in etwa wertmäßig entsprechen. Sie erfolgt spätestens bei der Scheidung. Diese endgültige Aufteilung muß den gesamten Hausrat verteilen. Sie muß nicht durch den Richter erfolgen. Wenn der Streit sich mittlerweile beruhigt hat, einigen Sie sich selbst mit Ihrem Mann. Vergleichen Sie dazu 8. Kapitel, S. 125.

Voraussetzung für jeden Antrag an das Gericht, Ihnen Hausrat zuzuweisen, ist eine Liste aller Hausratssachen. Gehen Sie Zimmer für Zimmer vor, wenn Sie diese Liste aufschreiben. Dann geben Sie an, welche Sachen Sie haben möchten und welche Sie Ihrem Mann belassen wollen.

Eine solche Liste ist übrigens auch eine gute Arbeitsgrundlage, wenn Sie sich ohne das Gericht mit Ihrem Mann über die Verteilung einigen. Kommen Sie dabei auf einen Nenner, so unterschreiben Sie, wie gesagt beide, und setzen Sie das Datum dazu. Bringen Sie in dem Schriftstück auch zum Ausdruck, ob es die *abschließende* Hausratsaufteilung zwischen Ihnen beiden sein soll. Oder Sie vermerken: *Vorläufig* nimmt die

Ehefrau folgende notwendigen Sachen mit Einverständnis des Ehemannes.

Zieht Ihr Mann aus der Ehewohnung aus und nimmt in Ihrem Einverständnis verschiedene Hausratsgegenstände mit, zum Beispiel den kleinen Fernseher und das Handwerkszeug, so kommt es nach unserer Erfahrung nicht selten vor, daß er nach und nach noch mehr abholen möchte, zum Beispiel noch die Videoanlage und die Filmkamera usw. Das brauchen Sie sich nicht gefallen zu lassen. Hier können Sie ihm entgegenhalten: Solange wir uns nicht über die Verteilung des *gesamten* Hausrats geeinigt haben, verbleibt erst mal alles in der bisher gemeinsamen Ehewohnung. Wenn es ein endgültiger Auszug war, hilft Ihnen auch, daß Sie ein neues Schloß einbauen lassen.

6. Wer zahlt die Miete der Ehewohnung, wenn ein Ehegatte auszieht?

Die Ehewohnung wird oft bei der Trennung nicht aufgegeben, d. h. die Mietkosten laufen weiter.

Sie haften im Verhältnis zum Vermieter neben Ihrem Mann für die Miete in vollem Umfang, wenn Sie den Mietvertrag gemeinsam mit ihm unterschrieben haben. Wenn Sie also aus der Ehewohnung ausgezogen sind, Ihr Mann in der Ehewohnung bleibt, aber die Miete nicht weiterzahlt, so kann sich der Vermieter an Sie halten.

Wollen Sie ein solches Risiko vermeiden, so bemühen Sie sich beim Auszug aus der Ehewohnung, daß der Vermieter Sie aus dem Vertrag entläßt. Schreiben Sie deshalb an Ihren Vermieter z. B. diesen Musterbrief:

Traute Stark
Am Burggraben 13
10557 Berlin

Herrn / Frau
(Vermieter)   Berlin, den...

Betr.: Mietverhältnis der Wohnung Am Markt 7, 20357 Hamburg

Sehr geehrte(r) Vermieter(in),
hiermit teile ich Ihnen mit, daß ich am... aus der obengenannten
Wohnung ausgezogen bin, da ich mich von meinem Ehemann getrennt habe und mich scheiden lassen werde.

Ich bitte Sie daher, mich aus dem Mietvertrag zu entlassen und nur
noch meinen Ehemann, Herrn Hans Stark, als Ihren Vertragspartner zu betrachten.
    Bitte, bestätigen Sie mir Ihre Zustimmung schriftlich. Vielen
Dank für Ihr Verständnis.

Mit freundlichen Grüßen
Traute Stark

7. Was passiert mit gemeinsamen Schulden und Konten?

Häufig haben Eheleute während der Ehe Kredite aufgenommen, um
z. B. ein gemeinsames Auto oder die neue Wohnungseinrichtung zu
finanzieren. Auch wenn der Ehemann Alleinverdiener ist, verlangen
die Kreditinstitute regelmäßig, daß auch die Ehefrau den Kreditvertrag
mit unterschreibt. Dies führt dazu, daß Sie neben Ihrem Ehemann für
die Rückzahlung haften.
    Wenn Sie sich von Ihrem Ehemann trennen und kein eigenes Ein-
kommen haben, so muß der Kredit auch in Zukunft weiter von Ihrem
Ehemann allein abgetragen werden. Die monatliche Darlehensrate

kann er allerdings vor Berechnung Ihres Unterhaltsanspruches von seinem Einkommen absetzen, wobei allerdings eine Umschuldung mit niedrigeren Raten in Betracht kommen kann. Wenn der Kreditbetrag ausschließlich Ihrem Ehemann zugeflossen ist, z. B. der Finanzierung seines Hobbys oder eines Autos diente, das er nach der Trennung weiterfährt, kann er die Raten nicht von seinem Einkommen absetzen.

Um zu vermeiden, jemals von der Bank aus dem Kredit in Anspruch genommen zu werden, sollten Sie auf dem Verhandlungswege versuchen, aus dem Kreditvertrag entlassen zu werden. Unter Umständen wird die Bank dazu bereit sein, wenn Ihr Ehemann ein sicheres Einkommen hat oder zusätzliche Sicherheiten, z. B. Bürgschaften etc., anbieten kann. Wir haben für Sie die folgenden abgedruckten Musterbriefe entworfen:

Traute Stark
Am Burggraben 13
10557 Berlin

An
…Bank
20354 Hamburg

Betreff: Darlehensvertrag Nr. … vom…

Sehr geehrte Damen und Herren,

mein Mann, Herr Hans Stark, Am Markt 7, 20357 Hamburg, ist bereit, unseren gemeinsamen bei Ihnen aufgenommenen Kredit allein abzutragen. Ich bitte daher, mich aus der Darlehensverpflichtung zu entlassen und mir dies schriftlich zu bestätigen. Eine schriftliche Erklärung meines Mannes ist beigefügt.

Falls Sie es für nötig halten, sind mein Mann und ich gern zu einem persönlichen Gespräch in dieser Sache bereit.

Mit freundlichen Grüßen
Traute Stark

Und so sieht die erwähnte Erklärung des Ehemannes aus:

Hans Stark
Am Markt 7
20357 Hamburg

An
... Bank
20354 Hamburg

Betreff: Darlehensvertrag Nr. ... vom...

Sehr geehrte Damen und Herren,

ich habe mit meiner Frau vereinbart, daß ich die Schuld aus dem obigen Kreditvertrag allein übernehme. Ich bitte um schriftliche Zustimmung zu dieser Vereinbarung.

Mit freundlichen Grüßen
Hans Stark

Falls die Bank nicht dazu bereit ist, Sie aus dem Vertrag zu entlassen, sollten Sie in jedem Fall mit Ihrem Mann eine Vereinbarung darüber treffen, daß er Sie intern von evtl. Ansprüchen der Bank gegen Sie freihält.

Vereinbarung

zwischen

Traute Stark
Am Burggraben 13, 10557 Berlin

und

Hans Stark, Am Markt 7, 20357 Hamburg

Herr Hans Stark verpflichtet sich, seine Ehefrau, Frau Traute
Stark, von der Inanspruchnahme durch die... Bank aus dem Kreditvertrag Nr. ... freizuhalten.

. . . .

(Traute Stark)   (Hans Stark)

Berlin, den...   Hamburg, den...

Viele Frauen haben Angst, daß sie nach der Trennung für neue Schulden des Mannes mithaften. Dies trifft nicht zu. Während der Ehe und
auch nach der Trennung der Eheleute gilt, daß Sie nur für solche Kre-
ditverbindlichkeiten haften, die Sie selbst mit unterschrieben haben.
   Es gibt jedoch einige Fälle, in denen Sie schnell etwas unternehmen
müssen, um keine finanziellen Nachteile zu erleiden:
• Von einem gemeinsamen Girokonto kann Ihr Ehemann weiterhin
  Geld abheben, ohne daß Sie es kontrollieren können. Teilen Sie der
  Bank mit, daß Sie nicht länger Mitinhaberin des Kontos sein wollen.
  Das Konto wird dann allein auf den Namen Ihres Mannes fortge-
  führt. Dies geht ohne Schwierigkeiten, solange sich das Konto nicht
  im Minus befindet. Ist das Konto jedoch überzogen, so können Sie
  als Mitinhaberin nur ausscheiden, wenn Sie den Minusbetrag ausgleichen. Wenn Ihnen dies finanziell nicht möglich ist, dann können

Sie dafür sorgen, daß der Überziehungskredit von der Bank herabgesetzt oder ganz gestrichen wird. Unter Umständen sollte Ihr Ehemann von der Bank auch aufgefordert werden, die Schecks zurückzugeben, bis die finanzielle Situation zwischen Ihnen geklärt ist.

- Haben Sie Ihrem Ehemann Kontovollmachten für Ihr eigenes Konto gegeben, so gehen Sie zu Ihrer Bank, und widerrufen Sie die Vollmachten zu sämtlichen Konten.

Natürlich kann auch Ihr Ehemann Ihnen gegenüber Vollmachten widerrufen, so daß Sie über seine Konten nicht mehr verfügen können.

- Haben Sie ein gemeinsames Sammelkonto bei einem Versandhaus, dann teilen Sie der Firma per Einschreiben und Rückschein mit, daß Sie nun getrennt leben und für weitere Bestellungen Ihres Ehemannes nicht mehr haften. Ihr Schreiben könnte etwa so lauten:

Traute Stark
Am Burggraben 13
10557 Berlin   Einschreiben und Rückschein

An das
Versandhaus...

Betreff: Kunden-Nr. ...

Sehr geehrte Damen und Herren,

mein Mann ist nicht mehr berechtigt, weitere auch mich verpflichtende Verträge mit Ihnen zu schließen. Wir leben seit dem... getrennt. Bitte bestätigen Sie mir den Empfang dieses Schreibens.

Mit freundlichen Grüßen
Traute Stark

8. Wie behalte ich meinen Krankenversicherungsschutz?

Wenn Sie berufstätig sind und Sie Sozialversicherungsbeiträge abführen oder Ihr Arbeitgeber für Sie, ist dieser Abschnitt für Sie nicht wichtig. Dann haben Sie einen eigenen Krankenversicherungsschutz.

Sonst sind Sie und die Kinder bei Ihrem Mann versichert. Dort bleiben Sie auch versichert, wenn Sie von Ihrem Mann getrennt leben.

Wie bekommen Sie aber die nötigen Krankenscheine, nachdem Sie sich von Ihrem Mann getrennt haben? Die Krankenkasse schickt Ihnen auf Wunsch ein eigenes Krankenscheinheft für Sie und die Kinder.

Bei der Trennung ist es also wichtig zu wissen, bei *welcher* Krankenkasse oder Ersatzkasse Ihr Mann und damit auch Sie und die Kinder versichert sind. Sollten Sie während der Zeit der Trennung Zweifel daran haben, ob Ihr Mann bei einer bestimmten Kasse noch krankenversichert ist (z. B. Sie erfahren zufällig, daß Ihr Mann arbeitslos geworden ist und vielleicht nun zur AOK gewechselt hat), kann die Krankenkasse dies sofort überprüfen und Ihnen Auskunft geben. Lassen Sie sich nicht mit dem Argument abwimmeln, daß das Bundesdatenschutzgesetz solche Auskünfte verbietet. Sie haben einen Anspruch darauf, diese Auskunft zu erhalten. Die Kassen können höchstens verlangen, daß Sie Ihre Anfrage schriftlich stellen, weil sie am Telefon nicht feststellen können, ob Sie wirklich die Ehefrau sind.

Wenn Sie nicht erfahren können, bei welcher neuen Krankenkasse Ihr Mann versichert ist, können Sie zum *Sozialamt* gehen und dort Krankenscheine beantragen. Das Sozialamt wird von Ihnen jedoch eine Bescheinigung der alten Krankenkasse verlangen, daß Ihr Mann dort nun nicht mehr versichert ist. Diese Bescheinigung muß Ihnen die Kasse auf Wunsch auch ausstellen.

Die Möglichkeit, vom Sozialamt Krankenscheine zu bekommen, haben nicht nur Frauen, die monatlich Sozialhilfe beziehen. Diese sogenannte Krankenhilfe wird auch Frauen gewährt, die ein niedriges Einkommen (z. B. Unterhalt oder Verdienst) beziehen. Da die Höhe des Einkommens, bis zu der Krankenhilfe gewährt wird, in den Bundesländern unterschiedlich ist, können wir keine konkreten Zahlen nennen. Scheuen Sie sich nicht, diesen Antrag zu stellen. Die Grenze ist höher, als Sie vielleicht denken!

Für den Fall, daß Sie und die Kinder über Ihren Mann *privat* versichert sind, müssen Sie die Arztrechnungen und die Kosten für Medikamente Ihrem Mann schicken, der sie dann an die Versicherung weiterleitet. Wenn Ihr Mann sein Einverständnis gegenüber der Versicherung erklärt, kann die Versicherung auch mit Ihnen direkt abrechnen. Es gibt auch die Möglichkeit, den Teil des Versicherungsvertrages, der Sie und die Kinder betrifft, von der Versicherung Ihres Mannes abzutrennen. Dann sind Sie selbst Versicherungsnehmerin und nicht nur Begünstigte und damit unabhängig von dem Verhalten Ihres Mannes gegenüber der Versicherung. Sie müssen Ihre Beiträge selbst zahlen, die jedoch durch die Abtrennung nicht höher werden. Auch brauchen Sie keine Wartezeiten zu erfüllen.

Also: Lassen Sie sich durch die gesetzliche oder private Versicherung möglichst früh ausführlich beraten, und wenden Sie sich auch an Ihre örtliche Verbraucherzentrale.

Binnen 3 Monaten nach Rechtskraft der Scheidung müssen Sie in jedem Falle für eine eigene Krankenversicherung gesorgt haben, da sonst der Versicherungsschutz entfällt.

Es ist also notwendig, daß Sie sich die Mitgliedsnummer, den Namen und die Anschrift der privaten Krankenversicherung vor der Trennung von Ihrem Mann notieren.

9. Vereinbarungen während des Getrenntlebens

An verschiedenen Stellen unseres Ratgebers weisen wir darauf hin, daß gütliche Regelungen sinnvoll und zweckmäßig sein können. Das gilt auch für das Getrenntleben.

In der ersten *heißen* Phase der Trennung ist der Kontakt zwischen Ihnen und Ihrem Mann möglicherweise abgebrochen oder läuft nur über die Kinder. Trotzdem sollten Sie immer wieder prüfen, ob Sie sich in wesentlichen Fragen mit Ihrem Mann einigen können.

Wir empfehlen Ihnen, daß Sie zunächst allein ein Beratungsgespräch mit einer Rechtsanwältin Ihres Vertrauens führen. Unter Umständen können Sie sich daraufhin selbst ohne weitere anwaltliche Hilfe mit Ihrem Mann über die Ihnen wichtigen Punkte einigen. Gelingt Ihnen das nicht, kommt ein Gespräch beider Ehegatten bei Ihrer Anwältin in

Betracht. Wobei diese Ihrem Mann klarmacht, daß sie Ihre Interessen vertritt. Wenn Ihr Mann einigungsbereit ist, hält Ihre Rechtsanwältin die Vereinbarung schriftlich fest.

Ist Ihr Mann nicht einigungsbereit, wird er sich selbst an einen Rechtsanwalt wenden. Durch die Vermittlung beider Anwälte könnte dann eine Vereinbarung getroffen werden.

Schlägt Ihr Ehemann Ihnen vor, mit ihm zu seinem Rechtsanwalt zu gehen, weil dort eine Vereinbarung schon schriftlich vorbereitet sei, dann unterschreiben Sie sie auf keinen Fall. Einen solchen Vorschlag sollten Sie sich unbedingt schriftlich als *Entwurf* geben lassen. Bitten Sie eine Rechtsanwältin Ihres Vertrauens um Überprüfung, ob dieser Entwurf Ihre und der Kinder Interessen angemessen berücksichtigt und nicht für Sie nachteilig ist.

Für alle Regelungen gilt:

- Sie sollten schriftlich festgehalten und von beiden Ehegatten unterzeichnet sein.
- Sie sollten klarstellen, ob es eine vorläufige, also nur für die Zeit der Trennung gültige, oder eine endgültige Regelung sein soll, die also für die Zeit nach der Scheidung gilt.

Bei Unterhaltsregelungen sollten die Grundlagen für die Berechnung schriftlich festgehalten werden, also das derzeitige Nettoeinkommen, anhand dessen der Unterhalt ermittelt worden ist.

Auf Kindesunterhalt kann rechtswirksam überhaupt nicht verzichtet werden. Auch auf Unterhalt für die Ehefrau oder den Ehemann persönlich während der Getrenntlebenszeit kann nicht verzichtet werden.

Manchmal soll es aus wirtschaftlichen oder persönlichen Gründen bei einem dauernden Getrenntleben der Ehegatten bleiben, ohne daß eine Scheidung der Ehe beabsichtigt ist. Auf das Recht, die Scheidung herbeizuführen, kann aber ebenfalls nicht wirksam verzichtet werden.

Die vorgerichtliche Anwaltstätigkeit muß von den Eheleuten selbst bezahlt werden. Dafür gibt es keine Mittel aus der Staatskasse. Prozeßkostenhilfe ist nur möglich für die Rechtsanwaltskosten in einem Prozeß bei Gericht, also für eine Unterhaltsklage und für das Scheidungsverfahren (dazu s. Kapitel 5, Abschnitt 4).

Allerdings können Sie die vorgerichtlichen Kosten für Ihre Rechtsanwältin unter Umständen als Unterhaltssonderbedarf von Ihrem

Mann verlangen, wenn Sie kein oder kaum eigenes Einkommen haben, Ihr Mann aber gut verdient. Das geht nur, wenn Ihr Mann Anlaß für die Beratung bei der Rechtsanwältin gegeben hat, z.B., indem er selbst einen Rechtsanwalt eingeschaltet hat.

10. Mediation

Mediation ist eine andere Form der Konfliktbearbeitung, die in den USA besonders für Trennungs- und Scheidungssituationen entwickelt wurde. «Mediation» kann man übersetzen mit: fairem Kompromiß oder Vermittlung für eine Einigung. Dabei steht nicht die rechtliche Lösung im Vordergrund, sondern die praktische, die diese Eheleute für ihre individuellen Verhältnisse selbstverantwortlich miteinander finden. Mediatorinnen brauchen eine besondere Ausbildung mit psychologischen Anteilen.

Die Mediatorin, also die vermittelnde dritte Person,
• führt in den Gesprächen die Eheleute davon weg, einander die alten Schuldvorwürfe zu machen («Streiten können Sie alleine besser, also ohne mich»);
• sorgt für ein sachliches Gesprächsklima und macht den Eheleuten den Blick dafür frei, welchen zukünftigen Zustand sie als Getrenntlebende miteinander erreichen wollen;
• hält sich mit Ratschlägen zurück, damit die Eheleute schließlich ihre *eigene* Lösung miteinander finden.

Mediation ist *keine* Therapie und zielt nicht darauf ab, die Ehe fortzusetzen. Mediation ist nur dann sinnvoll, wenn beide Eheleute wissen, daß an der Trennung kein Weg vorbeiführt, daß sie dabei zur Zeit Interessenkonflikte haben, daß sie darüber aber miteinander verhandeln und auch alle Fakten und Zahlen offen auf den Tisch legen wollen – und daß sie *beide* für ihre Kinder auch in Zukunft gemeinsam Verantwortung tragen wollen.

In der Bundesrepublik gibt es ausgebildete Mediatoren bisher nur in größeren Städten, und auch längst nicht in allen. Wenn Sie diesen Weg versuchen wollen, erkundigen Sie sich bei Familienberatungsstellen.

Da eine Mediation wenige Stunden, aber auch zum Beispiel 20 Sitzungen in Anspruch nehmen kann, sind die Kosten für die Eheleute erheblich (zur Zeit bis 300,– pro Stunde). Wenn die Mediatorinnen innerhalb einer Institution arbeiten (beispielsweise dem Familien-Notruf in München oder Trialog e. V. in Münster) *können* die Kosten pro Stunde geringer sein. Deshalb kann die Mediation auch für solche Familien in Betracht kommen, die den vollen Betrag nicht zahlen können.

Auch wenn die Mediation zu einer Lösung geführt hat, muß die von den Ehegatten gefundene Regelung anschließend für jeden von ihnen rechtlich geprüft und in die nötige Form als Trennungsvereinbarung oder Scheidungsfolgenvereinbarung gebracht werden. Während die Mediation läuft, können Sie sich von der Rechtsanwältin Ihres Vertrauens über Ihre persönliche Rechtslage beraten lassen, damit Sie wissen, worauf Sie im einzelnen verzichten, um einen Kompromiß zu erreichen. Allerdings wird dies von den Mediatorinnen nicht immer gewünscht.

Wir Autorinnen gehen davon aus, daß eine professionell durchgeführte Mediation hilfreich sein kann. Denn eine jahrelang gelebte Ehegemeinschaft hat so viel Verbundenheit bewirkt, daß die Rechtsnormen nur eine unvollkommene Hilfe bieten können, diese Verquickungen auseinanderzudividieren. Mediation kann helfen, eine individuelle Lösung zu finden. Auf der anderen Seite gibt es auch Familien, bei denen Mediation kein gangbarer Weg ist, z. B. wenn Sie keinen Raum für Kompromisse sehen und eine Entscheidung des Gerichts bevorzugen.

2. KAPITEL

Wohnungsfragen

Wenn Ihr Ehemann und Sie zur Trennung entschlossen sind, muß zunächst geklärt werden, was aus der Ehewohnung wird. Wenn Sie selbst in der Ehewohnung nicht bleiben können oder wollen, werden Sie sich überlegen müssen, ob Sie es sich leisten können, eine Wohnung auf dem freien Markt anzumieten, oder ob Sie staatliche Hilfe in Anspruch nehmen müssen, z. B. eine Sozialwohnung beantragen wollen oder Wohngeld. In besonders schwierigen Fällen haben Sie natürlich für eine Übergangszeit auch die Möglichkeit, ins Frauenhaus zu gehen.

1. Was wird aus der Ehewohnung bis zur Scheidung?

Wenn Sie sich mit Ihrem Ehemann während der Trennungszeit nicht einigen können, wer die Wohnung verläßt, gibt es nur in Härtefällen die Möglichkeit, daß Ihnen das Familiengericht auf Ihren Antrag hin schon vor der Scheidung, ja sogar vor Einreichung des Scheidungsantrags, die Ehewohnung vorläufig zur alleinigen Nutzung zuweist. Das Gericht wird aber immer als erstes prüfen, ob nicht eine Aufteilung der Räume innerhalb der Wohnung in Betracht kommt. Dies ist die Folge davon, daß bezahlbarer Wohnraum so knapp geworden ist.

Ein Antrag auf Zuweisung der Ehewohnung zur alleinigen Nutzung ist sinnvoll, wenn Sie Ihre Kinder nicht aus der gewohnten Umgebung (Kindergarten, Schule, Freundeskreis) reißen wollen. Andererseits kann es für Sie aber auch beruhigender sein, sich eine neue Wohnung zu suchen, deren Anschrift Ihr Mann nicht kennt, um vor Nachstellungen und Belästigungen durch ihn sicher zu sein.

Bei der vorläufigen Zuweisung der Ehewohnung kommt es nicht darauf an, welcher der Ehegatten Mieter oder Eigentümer der Ehewohnung bzw. des Hauses ist. Auch wenn Ihr Ehemann Alleinmieter oder Alleineigentümer der Ehewohnung oder des gemeinsam bewohnten Hauses ist, kann Ihnen und den Kindern die Wohnung oder das Haus zur vorläufigen Nutzung bis zur Scheidung zugewiesen werden.

Folgende Voraussetzungen müssen jedoch erfüllt sein:
- Sie leben bereits getrennt oder wollen sich endgültig trennen;
- die räumliche Trennung innerhalb der ehelichen Wohnung ist aus Platzgründen nicht möglich oder wegen des Verhaltens Ihres Mannes nicht zumutbar;
- die Zuweisung ist notwendig, um eine schwere Härte zu vermeiden.

Eine «schwere Härte» ist in folgenden Fällen gegeben:
- Ihr Mann hat Sie geschlagen, und Sie müssen befürchten, daß er dies wieder tun wird;
- Ihr Mann ist ständig betrunken, randaliert in der Wohnung und wird Ihnen gegenüber ausfallend und beleidigend;
- Ihr Mann hat Ihre Kinder mißhandelt.

Das Gericht fordert Beweise für die von Ihnen vorgetragenen Härtegründe, wie zum Beispiel ärztliche Atteste für Verletzungen, Zeugen für die Tätlichkeiten und / oder die Verletzungen.

Sind Ihre Kinder mit betroffen, sollten Sie sich an die zuständige Mitarbeiterin des Jugendamtes wenden und sie darum bitten, durch eine schriftliche Stellungnahme Ihren Antrag beim Gericht zu unterstützen.

Neben der vorläufigen Zuweisung der Ehewohnung kann das Gericht auf Ihren Antrag hin folgende zusätzliche Maßnahmen treffen:
- Ihrem Ehemann wird verboten, die Ehewohnung zu betreten;
- Ihrem Ehemann wird untersagt, Sie weiterhin zu bedrohen, zu mißhandeln oder zu belästigen;
- Ihr Ehemann wird aufgefordert, die Ehewohnung entweder sofort oder bis zu einem bestimmten Zeitpunkt zu räumen;
- Ihrem Ehemann wird verboten, Hausratsgegenstände aus der Ehewohnung wegzuschaffen;
- Ihrem Ehemann wird aufgegeben, eigenmächtig entfernte Hausratsgegenstände wieder in die eheliche Wohnung zurückzubringen.

Wenn Ihr Mann die Möglichkeit hat, bei Eltern, Verwandten oder Freunden unterzukommen, sollten Sie dies in Ihrem Antrag unbedingt angeben.

Bis der Beschluß des Gerichts endlich vorliegt, vergehen in der Regel mehrere Wochen. In ganz dringenden Fällen können Sie auch eine sogenannte «einstweilige Anordnung auf Zuweisung der Ehewohnung» beantragen. Dann können Sie davon ausgehen, daß das Gericht schneller eine Entscheidung trifft. Verläßt Ihr Ehemann nicht freiwillig die eheliche Wohnung, müssen Sie die Wohnung durch den Gerichtsvollzieher zwangsräumen lassen. Auch das dauert eine gewisse Zeit.

2. Was wird aus der Ehewohnung nach der Scheidung?

Spätestens bei der Scheidung sollte geklärt werden, wer endgültig in der Ehewohnung bleibt.

Als Ehewohnung gelten alle Räume, die von beiden Eheleuten gemeinsam bewohnt wurden oder jedenfalls dafür gedacht waren. Es kann sich dabei auch um ein möbliertes Zimmer handeln, eine Dienst- oder Werkswohnung, ein Eigenheim, eine Ferienwohnung oder ein Häuschen auf dem Schrebergartengelände.

Wenn Sie sich mit Ihrem Ehemann darüber einig sind, wer von Ihnen die Ehewohnung künftig allein oder mit den Kindern bewohnen wird, müssen Sie den Vermieter um seine Zustimmung und um die Umschreibung des Mietvertrages bitten. Hierzu sind viele Vermieter (vor allem Wohnungsgesellschaften) erst nach rechtskräftiger Scheidung bereit. Diese Einigung können Sie auch in einem Scheidungsfolgenvergleich aufnehmen.

Verweigert der Vermieter seine Zustimmung, können Sie ihn dazu mit Hilfe des Familiengerichts zwingen. Notfalls wird der Mietvertrag per Richterspruch umgeschrieben und eine(r) von Ihnen aus dem Mietvertrag entlassen.

Wenn Sie aus der Ehewohnung ausziehen, sich aber nicht um Ihre Entlassung aus dem Mietvertrag kümmern, so haften Sie weiter neben Ihrem Ehemann für Mietschulden, Schönheitsreparaturen und andere im Zusammenhang mit dem Mietvertrag anfallende Forderungen.

Können Sie sich mit Ihrem Ehemann nicht einigen, was mit der Ehewohnung geschehen soll, müssen Sie ebenfalls eine gerichtliche Regelung beantragen. Das Familiengericht entscheidet dann auf der Grundlage der Hausratsverordnung nach billigem Ermessen. Dabei spielen nicht mehr Härtegründe, sondern folgende Überlegungen eine Rolle:

- Bei wem bleiben die Kinder?
- Kann ihnen ein Wohnungswechsel, d. h. ein Schul-, Kindergarten-, Spielkameradenwechsel erspart bleiben?
- Alter, Gesundheitszustand, Hilfsbedürftigkeit der Eheleute sind zu berücksichtigen.
- Wem ist der Umzug eher zuzumuten, auch unter Berücksichtigung der finanziellen Verhältnisse?
- Wer hat schon vor der Ehe in der Wohnung gelebt und evtl. hohe Renovierungssummen in die Wohnung gesteckt?

Bei einer Mietwohnung kommt es für die Zuweisung der Wohnung nicht darauf an, wer Hauptmieter im Mietvertrag ist. Ihr Mann kann Sie also nicht damit unter Druck setzen, daß er in Aussicht stellt, das Mietverhältnis zu kündigen, wenn Sie sich nicht zum Auszug bereit erklären. Selbst wenn er das Mietverhältnis schon gekündigt hat, kann Ihnen das Familiengericht die bisherige Ehewohnung noch zuweisen.

Bei einer *Genossenschaftswohnung* wird auch von Bedeutung sein, wer Mitglied in der Genossenschaft ist. Das Gericht kann aber bei Vorliegen von obengenannten Gründen die Wohnung auch dem Nichtmitglied zuweisen. In einem solchen Fall sollten Sie im Rahmen der übrigen vermögensrechtlichen Auseinandersetzung darauf achten, daß Sie die *Genossenschaftsanteile* Ihres Ehemannes erhalten. Falls dieses nicht geschieht, sollten Sie bald selbst durch Einzahlung von Anteilen Mitglied der Genossenschaft werden. Nur so können Sie sich eine dauerhafte Wohnmöglichkeit verschaffen, ohne davon abhängig zu sein, daß Ihr Ehemann seine Mitgliedschaft in der Genossenschaft behält.

Bei *Dienst- und Werkswohnungen* soll das Gericht in der Regel demjenigen die Wohnung zuweisen, der in dem entsprechenden Dienst- oder Arbeitsverhältnis steht. Will das Gericht davon abweichen, muß es die Zustimmung des Dienstherren bzw. der Firma einholen. Die Zustimmung wird häufig dann gegeben, wenn die Wohnung für minderjährige Kinder erhalten bleiben soll. Die Zustimmung kann auch befristet erteilt werden, zum Beispiel für die Dauer des Schulbesuches oder bis zur Volljährigkeit der Kinder. Auch in einem solchen Fall brauchen Sie sich nicht von Ihrem Ehemann einschüchtern zu lassen mit dem Hinweis, daß die Wohnung schließlich eine Werkswohnung sei und Sie keinerlei Aussichten hätten, diese zu behalten.

Achtung:
Alle Anträge an das Familiengericht sollten spätestens ein Jahr nach der Scheidung gestellt sein. Nur dann kann das Familiengericht auch gegen den Willen Dritter in deren Rechte eingreifen, also beispielsweise einen Vermieter zwingen, das Mietverhältnis mit einem Ehepartner fortzusetzen. Dringen Sie darauf, daß diese Fragen schon mit der Scheidung durch gerichtliche Vereinbarung oder Entscheidung geklärt werden.

3. Was wird aus dem Haus / der Eigentumswohnung, die einem von Ihnen oder beiden gemeinsam gehört?

Wenn Sie und Ihr Mann Miteigentümer des Hauses / der Wohnung sind und sich nicht einigen können, wer nach der Scheidung dort wohnen bleibt, kann Ihnen das Gericht das Haus / die Wohnung zur alleinigen Nutzung zuweisen. Dies wird vor allem in Frage kommen, wenn Sie die gemeinsamen Kinder versorgen. Das Familiengericht entscheidet hierbei nach denselben Grundsätzen wie bei einer Mietwohnung (s. o.).

Ist Ihr Ehemann Alleineigentümer des Hauses / der Wohnung, kann Ihnen gegen seinen Willen sein Haus / seine Wohnung nur in Ausnahmefällen vom Gericht zugewiesen werden, wenn Sie nämlich beweisen können, daß ein Auszug für Sie eine unbillige Härte bedeuten würde.

In beiden Fällen wird das Gericht eine angemessene Nutzungsentschädigung / Miete festsetzen, die Sie an Ihren Mann für die Nutzung seines Miteigentums oder Alleineigentums zahlen müssen.

Wenn Sie sich mit Ihrem Ehemann einigen können, wer in dem gemeinsamen oder einem von Ihnen gehörenden Haus wohnen bleibt, sollte möglichst ein Mietvertrag geschlossen werden. Jedenfalls für die Zeit nach der Scheidung muß derjenige, der im Haus wohnen bleibt, eine angemessene Nutzungsentschädigung an den oder die andere zahlen. Ein angemessener Ausgleich für die alleinige Nutzung kann aber auch darin bestehen, daß Zins und Tilgung für die Hausdarlehen sowie Grundsteuer und Hausversicherungen nur von einem gezahlt werden. Leistet Ihr Ehemann diese Zahlungen, nachdem Sie aus Ihrem oder dem gemeinsamen Haus ausgezogen sind, kann es passieren, daß er von Ihnen später die Hälfte der Beträge zurückverlangt. Um das zu verhindern, müssen Sie mit ihm über die Art und Höhe der zu zahlenden Nutzungsentschädigung und die Verrechnung mit seinen Zahlungen eine schriftliche Vereinbarung treffen. Ist er dazu nicht bereit, schicken Sie ihm einen Brief, in dem Sie ihn zu einer «Neuregelung der Verwaltung und Benutzung des (Mit-)Eigentumsanteils» auffordern. Dann können Sie seinen Forderungen später eine eigene Forderung auf Nutzungsentschädigung entgegenhalten.

Bewohnen Sie das im Alleineigentum oder Miteigentum Ihres Ehemannes stehende Haus und ist er Ihnen unterhaltsverpflichtet, wird der zu zahlende Ehegattenunterhalt in der Regel gekürzt, weil er damit Ihren Unterhaltsbedarf teilweise schon erfüllt.

Wegen der komplizierten Rechtslage und der finanziellen Tragweite sollten Sie sich in diesen Fragen von Ihrer Anwältin beraten lassen.

4. Wie komme ich zu einer Sozialwohnung ($ 5-Schein, Dringlichkeitsschein)?

Für eine Sozialwohnung benötigen Sie einen «§ 5-Schein» (gleich Wohnberechtigungsschein nach § 5 Wohnungsbildungsgesetz). Sie erhalten diesen Schein bei dem für Sie zuständigen Wohnungsamt. Das Wohnungsamt selbst vermittelt Ihnen in diesem Fall also keine Wohnung, Sie müssen mit dem Schein zu einem Vermieter von Sozialwohnungen oder zu einer Wohnungsbaugesellschaft gehen und sich dort um eine Wohnung bewerben. Auch in den Tageszeitungen werden Sozialwohnungen angeboten.

Den § 5-Schein erhalten nur Einzelpersonen oder Familien mit geringem Einkommen. Ob Sie einen Anspruch auf einen § 5-Schein haben oder nicht, errechnet für Sie das Wohnungsamt. Nehmen Sie daher, wenn Sie zum Wohnungsamt gehen, folgende Unterlagen mit:

- Einkommensnachweise (z. B. Lohnsteuerkarte, Rentenbescheid, Bescheid über Arbeitslosenunterstützung, Sozialhilfe, Nachweis über eventuelle Unterhaltszahlungen),
- Ausweispapiere,
- Unterlagen über Ihre laufenden Ausgaben.

In der Regel verlangt das Wohnungsamt darüber hinaus einen Nachweis, daß Sie von Ihrem Ehemann getrennt leben. Wenn Ihre Scheidung schon läuft, nehmen Sie Ihre Kopie des Scheidungsantrages gleich mit. Ist es noch nicht soweit, nehmen Sie die bisherige anwaltliche Korrespondenz mit. Ansonsten erklären Sie mit Nachdruck, daß Sie getrennt leben.

Wenn Sie zusammen mit Ihren Kindern eine Sozialwohnung beantragen wollen, benötigt das Wohnungsamt einen Nachweis darüber, daß die Kinder auf Dauer bei Ihnen leben werden. Hier genügt eine entsprechende übereinstimmende Erklärung von Ihnen und Ihrem Ehemann. Ist Ihr Ehemann nicht damit einverstanden, daß die Kinder auf Dauer bei Ihnen leben, sollten Sie das Jugendamt um eine vorläufige Stellungnahme für das Wohnungsamt bitten (s. 3. Kapitel).

In Regionen mit besonderer Wohnraumnot können Sie über das Wohnungsamt eine Wohnung vermittelt bzw. zugewiesen bekommen, wenn Sie als Wohnungsnotfall anerkannt werden und einen sogenannten Dringlichkeitsschein erhalten.

Erkundigen Sie sich bei dem zuständigen Amt, ob es in Ihrem Ort diese Möglichkeit gibt. Welche Voraussetzungen für die Anerkennung als Wohnungsnotfall im Einzelfall vorliegen müssen, richtet sich nach unterschiedlichen verwaltungsrechtlichen Vorschriften. In der Regel werden alleinerziehende oder schwangere Frauen bei der Vergabe von Dringlichkeitsscheinen bevorzugt berücksichtigt.

5. Habe ich einen Anspruch auf Wohngeld?

Wohngeld ist ein staatlicher Mietzuschuß sowohl für private als auch für Sozialwohnungen, der nicht zurückgezahlt werden muß. Wohngeld erhalten Sie nur auf Antrag und immer erst ab Antragstellung, also für die Zukunft. Deshalb ist es wichtig, einen derartigen Antrag so früh

wie möglich zu stellen. Wohngeld erhalten Sie nur, wenn Ihr eigenes Einkommen nicht ausreicht, um eine angemessene Wohnung anzumieten. Der Antrag ist bei dem zuständigen Amt – Wohnungsgeldstelle – zu stellen. Klären Sie schon vor Ihrem ersten Gespräch telefonisch, welche Unterlagen Sie mitbringen müssen.

Schon bevor Sie einen neuen Mietvertrag abschließen, sollten Sie sich bei der Wohngeldstelle erkundigen, ob Sie für die vorgesehene Wohnung überhaupt Wohngeld erhalten können. Nehmen Sie den Vorvertrag mit oder genaue Angaben über Größe und Mietpreis der Wohnung. Die Zuschüsse sind unterschiedlich hoch, je nach Höhe des Einkommens. Auch wenn Ihr Zuschuß nur gering ist, sollten Sie nicht darauf verzichten.

6. Soll ich ins Frauenhaus gehen?

In der Bundesrepublik gibt es seit mehreren Jahren in allen größeren Städten Frauenhäuser. Sie sollen Frauen Schutz und Obdach geben, die von ihren Ehemännern oder Freunden seelisch oder körperlich mißhandelt worden sind und nicht wissen, wo sie unterkommen können.

Ein bedeutender Vorzug der Frauenhäuser gegenüber herkömmlichen staatlichen Einrichtungen ist, daß jede Frau ihre Kinder mitnehmen kann, sich also nicht von ihnen trennen muß, wenn sie den Ehemann verläßt.

Ob und wo sich ein Frauenhaus in Ihrer Nähe befindet, erfahren Sie bei der Sozialbehörde, bei Wohlfahrtsverbänden, Frauengruppen, bei kirchlichen Stellen und bei der Polizei. Dort erhalten Sie Telefonnummer und Postfachanschrift des Frauenhauses. Die Anschriften der Häuser sind geheim, um die Frauen vor Zugriffen zu schützen.

Der Aufenthalt im Frauenhaus ist nicht immer einfach, da Sie mit sehr vielen unterschiedlichen Frauen und Kindern oft auf engstem Raum zusammenleben müssen. Sie haben aber die Chance, andere Frauen und deren Kinder, die sich in gleicher Lage wie Sie befinden, kennenzulernen. Vielleicht finden Sie hier sogar andere Frauen, mit denen Sie sich zusammentun können.

In Frauenhäusern können Sie weitere Kontaktadressen von Frauengruppen, Rechtsanwältinnen, Ärztinnen usw. in Ihrer Stadt bekommen. Telefonnummern und Postfachanschriften von Frauenhäusern finden Sie im Anhang.

7. Was muß ich beim Umzug bedenken?

Wenn es Ihnen gelungen ist, eine neue Wohnung zu finden, sollten Sie sofort versuchen, alle vertraglichen Verpflichtungen aufzulösen, die mit der alten Wohnung zusammenhängen. Das betrifft vor allem das Mietverhältnis. Haben *beide* Ehepartner den Mietvertrag der Ehewohnung unterschrieben, können Sie den Vertrag nicht allein kündigen. Sie können nur den Vermieter bitten, Sie aus dem Vertrag zu entlassen. Wie Sie das machen, haben wir auf Seite 23 beschrieben.

Denken Sie auch an die Strom-, Gas-, Telefon- und Rundfunkgebühren. Bei Strom- und Gasgebühren kann es Ihnen passieren, daß auch nach Ihrer Kündigung Rechnungen auf Sie zukommen, wenn Ihr Mann diese nicht bezahlt. Für Telefon- und Rundfunkgebühren sind Sie nach Ihrer Kündigung nicht mehr verantwortlich. Hierzu haben wir *Musterbriefe* entworfen. Machen Sie eine Kopie für Ihre Unterlagen.

Traute Stark
Am Burggraben 13
10557 Berlin

An das
Elektrizitäts- / Gaswerk
Hamburg   Berlin, den…

Betr.: Kassenzeichen…

Sehr geehrte Damen und Herren,

hiermit teile ich Ihnen mit, daß ich am… aus der Wohnung Am Markt 7, 20357 Hamburg, ausgezogen bin; Mieter und Ihr Vertragspartner bezüglich der Strom- / Gaslieferung bleibt mein Ehemann Hans Stark.

Ich gehe davon aus, daß ich aus dem Strom- / Gaslieferungsvertrag entlassen bin, und bitte um eine Endabrechnung zum obigen Zeitpunkt.

Mit freundlichen Grüßen
Traute Stark

Traute Stark
Am Burggraben 13
10557 Berlin

An das
Fernmeldeamt
Hamburg   Berlin, den...

Betr.: Fernmeldekonto Nr. ...

Sehr geehrte Damen und Herren,

hiermit teile ich Ihnen mit, daß ich am... aus der Wohnung Am
Markt 7, 20357 Hamburg, ausgezogen bin. Inhaber des Telefon-
anschlusses bleibt Herr Hans Stark.

   (Oder, falls Sie selbst Vertragspartnerin des Fernmeldeamtes
waren und die Telefonrechnung an Sie ging:)

Da ich am... aus der Wohnung Am Markt 7, 20357 Hamburg,
ausgezogen bin, kündige ich hiermit den Telefonanschluß und
bitte Sie um Übersendung der Schlußabrechnung an meine neue
Anschrift.

Mit freundlichen Grüßen
Traute Stark

Traute Stark
Am Burggraben 13
10557 Berlin

An die GEZ
(Gebühreneinzugszentrale)
Köln   Berlin, den...

Betr.: Kunden-Nr. ...

Sehr geehrte Damen und Herren,

hiermit teile ich Ihnen mit, daß ich am... aus der Wohnung Am
Markt 7, 20357 Hamburg, ausgezogen bin. Mieter und Ihr Vertragspartner bleibt mein Ehemann Hans Stark.

Mit freundlichen Grüßen
Traute Stark

Für Ihre neue Wohnung müssen Sie sich *anmelden*. Besorgen Sie sich
auch einen *Nachsendeantrag* bei der Post.

Soll Ihr Mann Ihre neue Adresse nicht erfahren, können Sie beim
Einwohnermeldeamt eine sogenannte Auskunftssperre für sich und
Ihre Kinder beantragen. Diesen Antrag müssen Sie begründen. Die
Sperre wird auf jeden Fall dann eingerichtet, wenn Sie glaubhaft ma-
chen können, daß eine Gefahr für Ihre Geundheit, Ihr Leben oder Ihre
persönliche Freiheit besteht, falls Ihr Mann Ihre Anschrift erfährt.

Unserer Ansicht nach sollte Ihre Anschrift auch dann geheimgehal-
ten werden, wenn Sie Belästigungen fürchten, die nicht so schwerwie-
gend sind. Stellen Sie auch dann einen Antrag.

Traute Stark
Am Burggraben 13
10557 Berlin

An das Einwohnermeldeamt
Berlin und Hamburg   Berlin, den...

Sehr geehrte Damen und Herren,

ich beantrage hiermit, für meine oben angegebene Anschrift für
die Dauer eines Jahres eine Auskunftssperre einzurichten.

Die Einrichtung der Auskunftssperre ist deshalb notwendig,
weil ich mich von meinem Ehemann getrennt habe und er meine
neue Anschrift nicht erfahren soll. Er hat mich in der Vergangen-
heit bedroht und körperlich mißhandelt. Ich muß auch weiterhin
eine Gefährdung fürchten, wenn ihm meine Anschrift bekannt
wird.

Da ich Sozialhilfeempfängerin bin (bzw. ein niedriges Einkommen habe), bitte ich um Gebührenbefreiung!

Mit freundlichen Grüßen
Traute Stark

Hinweis:
Bei einer Auskunftssperre sind zwei Schreiben notwendig, und zwar an
das *alte* und *neue* Einwohnermeldeamt. Die Auskunftssperre ist auf ein
Jahr begrenzt, läßt sich aber auf Ihren Antrag hin auch verlängern.

Beachten Sie, daß die Auskunftssperre nicht nur gegenüber Ihrem
Ehemann, sondern gegenüber allen Personen, Behörden oder Firmen
wirksam ist. Sie müssen diejenigen, von denen Sie Post erhalten wollen,
selbst über Ihre neue Anschrift informieren.

3. KAPITEL

Was wird aus den Kindern?

Die Trennung der Eltern stellt insbesondere für die Kinder eine starke seelische Belastung dar. Diese Belastung drückt sich bei jedem Kind anders aus. Trotz der vielfältigen Umstände gibt es aber Reaktionen, die bei fast allen Kindern jeweils ihrem Alter entsprechend eintreten.

Es kann sich dabei um Angstzustände, Schlafstörungen, aggressives Verhalten, Entwicklungsrückschritte wie Daumenlutschen und Bettnässen, Traurigkeit und Hilflosigkeit, Wut und manchmal auch Scham handeln. Als Folgen treten auch schlechte Leistungen in der Schule, widersprüchliches Verhalten, überraschende Gefühlsausbrüche und andere Auffälligkeiten auf.

Sie können den Kindern die schwere Zeit der Trennung erleichtern, indem Sie mit ihnen darüber reden und sie darauf vorbereiten. Jeder Elternteil kann dem Kind erklären, warum die Trennung notwendig ist, ohne den anderen Elternteil zu beschuldigen. Erzählen Sie den Kindern, was sich durch die Trennung ändert. Sprechen Sie aber auch darüber, was sich nicht verändern wird, wie z. B. das eigene Zimmer, der Kindergarten, die Besuche von und bei Verwandten.

Mit den Problemen, die sich aus der Trennung für die Kinder ergeben, können Sie sich an Erziehungsberaterinnen, Familienfürsorgerinnen, Kinderpsychologinnen usw. wenden. Die Erziehungsberatungsstellen sind in Hamburg den Bezirksämtern zugeordnet, in anderen Bundesländern bestehen entsprechende Stellen.

Sie sollten auch überlegen, ob die Trennung für Ihre Kinder leichter zu bewältigen ist, wenn Sie den Lehrerinnen bzw. im Kindergarten von den familiären Schwierigkeiten berichten. Vermutlich können die Erzieherinnen dann besser auf Veränderungen des Verhaltens oder auch der Leistung reagieren. Auf die seelischen Belastungen der Kinder können wir im Rahmen dieses Buches nur hinweisen. Ausführlich werden wir auf die Fragen des Sorgerechts, des Umgangsrechts und des Kindesunterhalts eingehen.

1. Bei wem sollen die Kinder bleiben?

Während der Ehe haben die Eltern gemeinsam das Recht der elterlichen Sorge (Personen- und Vermögenssorge) für die Kinder. Dies bleibt grundsätzlich für die Zeit der Trennung bestehen, und zwar auch dann, wenn die Kinder bei einem Elternteil bleiben oder mit dem anderen ausziehen. Erst wenn die Ehe geschieden wird, regelt das Familiengericht mit der Scheidung die Übertragung der elterlichen Sorge. Meistens übertragen die Familiengerichte das Sorgerecht auf einen Elternteil allein. Seit 1982 können beide Eltern nach der Scheidung das Sorgerecht *gemeinsam* ausüben.

Sorgerecht während des Getrenntlebens

Grundsätzlich steht den Eltern das Sorgerecht auch während der Trennungszeit gemeinsam zu. Nur in Ausnahmefällen entscheidet das Familiengericht schon vor der Scheidung über eine andere Sorgerechtsverteilung. Diese Regelung gilt dann bis zur Scheidung.

Voraussetzung dafür ist zunächst das Getrenntleben und die Uneinigkeit der Eltern in bezug auf die Kinder. Jeder Elternteil kann beim Familiengericht einen Antrag auf Sorgerechtsregelung stellen. Dazu muß noch kein Scheidungsverfahren laufen. Der Antrag ist zu begründen. Sie müssen aufschreiben, daß und warum Sie sich mit Ihrem Ehemann in Fragen, die die Kinder betreffen, nicht einigen können. Sie sind z. B. unterschiedlicher Meinung über den Kindergartenbesuch, Schulwechsel, Ausbildungsweg, oder Ihr Ehemann droht Ihnen, die Kinder wegzunehmen, sie nach der Schule abzufangen oder nach einem Besuch nicht wieder herauszugeben. Das Familiengericht muß versuchen, herauszufinden, welche Entscheidung dem «Kindeswohl» am besten entspricht.

Zum Vorgehen des Gerichts bei der Ermittlung des Kindeswohls siehe Seite 48, zum Kindeswohl Seite 52.

Ohne den Antrag eines Elternteils kann das Gericht nur über das Sorgerecht entscheiden, wenn es z. B. vom Jugendamt erfährt, daß das Kindeswohl gefährdet ist.

Für die Kinder, aber auch für die Eltern, ist die Trennung einfacher zu bewältigen, wenn es nicht zum Streit über die elterliche Sorge kommt. Eine Einigung über die Betreuung und Versorgung der Kinder, ihren Aufenthaltsort, den Umgang mit dem anderen Elternteil oder zumindest die Diskussion wichtiger Entscheidungen erleichtert allen Beteiligten die ohnehin schon schwierige Situation. Vor allem wird den Kindern der Konflikt erspart, sich für einen Elternteil entscheiden zu müssen. Deshalb sollten Sie möglichst eine gemeinsame Lösung anstreben. Lassen Sie sich dabei Zeit. Falls Sie sich mit Ihrem Ehemann bei einer solchen Einigung schwertun, können Sie gemeinsam Beratungsstellen aufsuchen, um ggf. in mehreren Gesprächen Klarheit über Ihre Situation zu gewinnen und vielleicht doch noch zu einer Regelung zu kommen. Bedenken Sie dabei, daß Sie und Ihr Ehemann die Eltern bleiben und deshalb immer wegen der Kinder miteinander zu tun haben werden.

Wenn keine Einigung zustande kommt, können Sie zur Unterstützung Kontakt zu dem zuständigen Jugendamt und zur Familienfürsorge aufnehmen. Das Jugendamt wird auch vom Familiengericht immer beteiligt. Falls Sie das Sorgerecht behalten wollen, sollten Sie keinesfalls ohne die Kinder ausziehen, weil sich dies bei der späteren Gerichtsentscheidung für Sie nachteilig auswirken könnte.

Sorgerecht nach der Scheidung

Spätestens mit der Scheidung *muß* das Familiengericht die elterliche Sorge für die Kinder regeln, und zwar auch dann, wenn kein Antrag gestellt ist und kein Vorschlag gemacht wird. Das Gericht kann es bei der gemeinsamen elterlichen Sorge der Eltern belassen oder die elterliche Sorge einem Elternteil übertragen.

Wenn Sie mit Ihrem Ehemann dem Gericht einen gemeinsamen Vorschlag machen, wird es diesem in aller Regel folgen. Das Gericht kann jedoch in Ausnahmefällen von diesem Vorschlag abweichen, wenn es ihn als ungünstig für die Entwicklung der Kinder ansieht.

Die Familienrichterin hört vor ihrer Entscheidung die Eltern an, holt die Stellungnahme des Jugendamtes ein, lädt manchmal auch die Jugendamtsvertreter zum Gerichtstermin und unterhält sich mit den Kindern, wenn deren Neigungen, Bindungen und Willen für die Entscheidung von Bedeutung sind oder ein unmittelbarer Eindruck von den Kindern wichtig erscheint. Kinder, die älter als 14 Jahre sind, müssen stets vom Familiengericht gehört werden und können eigene Vorschläge machen.

Gemeinsames Sorgerecht

Der Weg des gemeinsamen Sorgerechts kann nur dann eingeschlagen werden, wenn beide Eltern es wollen. Machen Eltern dem Familiengericht übereinstimmend den Vorschlag, die elterliche Sorge ihnen beiden zu belassen, so wird das Gericht in der Regel entsprechend entscheiden.

Nur in Ausnahmefällen darf es hiervon abweichen, und zwar, wenn der Elternvorschlag deutlich Nachteile für das Kind mit sich bringt. Da das gemeinsame elterliche Sorgerecht jedoch nicht einfach zu praktizieren ist, wird das Familiengericht sehr genau prüfen. Dabei bedient es sich der Mithilfe des Jugendamtes. Die Mitarbeiterinnen, ausgebildete Sozialarbeiterinnen, machen Hausbesuche, sprechen mit allen Beteiligten, machen sich ein eigenes Bild von der Situation und berichten dem Gericht hierüber schriftlich.

Bis zur Scheidung können Sie den Antrag zurücknehmen, wenn Sie an der Richtigkeit des gemeinsamen Vorschlags zweifeln. Fehlt es an einer Einigung, so gibt es keine gemeinsame elterliche Sorge. Gegen den Willen eines Elternteils wird das Gericht eine solche nicht anordnen.

In der Ausgestaltung und Durchführung der gemeinsamen elterlichen Sorge sind die Eltern nach der Scheidung genauso frei wie vor der Scheidung. Die Kinder müssen also keineswegs gleichgewichtig von beiden Elternteilen betreut werden. Sie können durchaus überwiegend bei einem Elternteil leben und Ferien- oder Besuchskontakte zum anderen Elternteil haben. Die gemeinsame elterliche Sorge hat also keinen Einfluß auf den Aufenthaltsort der Kinder.

Allerdings müssen sich die Eltern klar darüber sein, daß eine rechtliche Vertretung der Kinder nur durch sie beide gemeinsam erfolgen kann. In allen rechtlichen Fragen muß daher Einigkeit erzielt werden. Hierzu gehören beispielsweise Entscheidungen wie:

- Welche Schule besucht unser Kind?
- Welche Verträge sollen für das Kind abgeschlossen werden? (Musik-
  unterricht, Sportvereine)
- Welche Krankenbehandlung ist die richtige?
- Soll das Kind ein Jahr ins Ausland gehen?
- Darf sich das Kind an gefährlichen Freizeitaktivitäten beteiligen?

Da diese Fragen häufig auch finanzielle Auswirkungen haben, müssen
Eltern, die das gemeinsame Sorgerecht anstreben, wissen, daß hier in
besonderem Maße Einigkeit zwischen ihnen erzielt werden muß. Weil
beide Eltern das Kind rechtlich vertreten, kann es große Schwierigkeiten machen, Unterhaltsansprüche des Kindes gegen einen Elternteil gerichtlich durchzusetzen.

Wir empfehlen deshalb, bei der Entscheidung zu einem gemeinsamen Sorgerecht auch gleichzeitig die Fragen der Finanzen für das Kind
umfassend zu klären. Beispielsweise können die Eltern den konkreten
Barbedarf des Kindes gemeinsam ermitteln. Aufwendungen, die für das
Wohnen ihres Kindes in den elterlichen, getrennten Wohnungen aufge-
bracht werden müssen, können dabei ebenso berücksichtigt werden
wie die Betreuungsleistung, die die Eltern vielleicht in unterschied-
lichem Umfang erbringen. Dann kann eine Aufteilung zwischen den
Eltern erfolgen, vielleicht auch über ein gemeinsames «Kinderkonto».

Wir weisen ausdrücklich darauf hin, daß die in der sog. Düsseldorfer Tabelle (siehe Seite 59) niedergelegten Unterhaltssätze für Kinder
in keiner Weise ausreichen, um den Barbedarf zu decken. Wenn die
finanziellen Verhältnisse der Eltern nicht ganz eng sind, ist das gemeinsame Sorgerecht guter Anlaß, um den Barbedarf der Kinder kon-
kret im Einzelfall festzustellen und über die Sätze der Düsseldorfer
Tabelle hinausgehend festzulegen. Aus unserer Sicht sind diese Sätze
die unterste Grenze dessen, was für ein Kind an Geld zur Verfügung
stehen muß.

Bestehen Zweifel daran, daß sich Eltern so weitgehend über die Zukunft ihrer Kinder einigen können und daß sie weiterhin regelmäßige
Kontakte miteinander haben wollen, so raten wir nicht dazu, das gemeinsame Sorgerecht um jeden Preis durchzuführen. Es ist dann klarer,
das Sorgerecht einem Elternteil allein zu übertragen.

Jede familiengerichtliche Entscheidung zum Sorgerecht ist abänderbar. Wenn sich herausstellt, daß die gemeinsame elterliche Sorge für einen Elternteil nicht mehr tragbar ist und damit für das Kind keine gute Lösung darstellt, entscheidet das Familiengericht auf Antrag eines Elternteils neu. Die veränderten Umstände müssen dann ausführlich dargelegt werden. Auch muß dem Gericht deutlich gemacht werden, wo die Schwierigkeiten mit der bisherigen Regelung liegen.

Sorgerechtsübertragung auf einen Elternteil

Ganz überwiegend wird mit der Scheidung das Sorgerecht für die Kinder auf einen Elternteil übertragen. Die Grundlage für die Entscheidung des Gerichts ist das Wohl der Kinder.

Zur Beurteilung des «Kindeswohls» sind folgende Gesichtspunkte wichtig:

- Zu welchem Elternteil haben die Kinder die engere Beziehung? Wer hat die Kinder bisher überwiegend betreut und versorgt? Welcher Elternteil ist die Hauptbezugsperson?
- Bei wem wohnen die Kinder, und von wem werden sie zum Zeitpunkt der Scheidung betreut? Dieser Punkt ist für das Gericht besonders wichtig. Es soll vermieden werden, die Kinder aus ihren bestehenden persönlichen Lebensumständen (Kindergarten, Schule, Freundeskreis) und von ihren zu dieser Zeit wichtigen Hauptbezugspersonen wegzureißen. Gerade auch aus diesem Grunde sollen Geschwister möglichst nicht voneinander getrennt werden.
- Wer hat mehr Zeit und Bereitschaft für die Betreuung der Kinder (bei Freizeitgestaltung, Beaufsichtigung von Schularbeiten etc.)? Ihre Berufstätigkeit schließt nicht aus, daß Ihnen die Kinder zugesprochen werden können. Hier spielt auch das Alter der Kinder eine Rolle; bei kleinen Kindern sollte jemand dasein, der sie betreut (z. B. Tagesmutter, Kindergarten oder ein neuer Partner, mit dem sie sich gut verstehen). Ihr Ehemann wird meistens auch keine besseren Möglichkeiten haben als Sie, wenn er berufstätig ist. Relativ gleichgültig ist es, ob Ihr Ehemann mehr Geld hat als Sie oder eine bessere schulische Bildung.
- War Ihr Ehemann gewalttätig? Er wird die Kinder nicht bekommen, wenn er Sie und eventuell auch die Kinder geschlagen hat oder wenn er regelmäßig zuviel Alkohol trinkt.

- Wer ist in der Lage, die Kinder in ihrer persönlichen gefühlsmäßigen Entwicklung zu fördern?

Keine Bedeutung hat heute die Frage, wer die sogenannte «Schuld» an der Scheidung trägt. Im Scheidungsrecht hat sich die Erkenntnis durchgesetzt, daß die Frage, bei wem die Kinder besser aufgehoben sind, nichts mit den Gründen zu tun hat, aus denen die Beziehung zwischen den Eltern gescheitert ist.

Auch wenn die elterliche Sorge auf einen Elternteil übergehen soll, versuchen Sie eine Einigung mit Ihrem Ehemann zu erreichen, denn bei einer einverständlichen Scheidung nach einem Jahr Trennungszeit müssen Sie dem Gericht einen gemeinsamen Vorschlag über den Verbleib der Kinder machen.

Im Streitfall sollten Sie sich frühzeitig mit dem Jugendamt in Verbindung setzen, damit Ihr Standpunkt in der Stellungnahme des Jugendamtes an das Familiengericht genügend berücksichtigt wird.

Da das Gericht bei Streit Ihre Kinder auch dann befragen wird, wenn sie noch nicht 14 Jahre alt sind, sollten Sie Ihre Kinder auf diese Befragung seelisch vorbereiten, sie aber nicht gegen den Vater beeinflussen. Versuchen Sie, Ihren Kindern die Situation zu erklären und die Angst vor der Befragung durch die Familienrichterin zu nehmen.

In schwierigen Fällen wird das Gericht ein jugendpsychologisches Gutachten einholen. Die Gutachterin wird mit Ihnen, Ihrem Ehemann und den Kindern reden.

Stellt sich einige Zeit nach der Scheidung heraus, daß es für die Kinder besser wäre, bei dem anderen Elternteil zu leben, kann das Familiengericht die Sorgerechtsentscheidung auf Empfehlung des Jugendamtes oder auf Antrag eines oder beider Elternteile abändern. Voraussetzung ist, daß die Entscheidung dem Interesse und dem Wohl der Kinder entspricht.

Gründe für die Änderung können in der Veränderung der Umstände liegen, z. B. wenn sich ein Kind mit zunehmendem Alter enger an den Elternteil anschließt, bei dem es nicht wohnt. Sorgerechtsentscheidungen können mehrfach geändert werden.

2. Wie ist das mit dem Umgangsrecht?

Für die Entwicklung der Kinder ist es in der Regel wichtig, zu beiden Eltern auch nach der Trennung und Scheidung einen guten Kontakt zu behalten. Dazu trägt auch das Umgangsrecht bei.

Der Elternteil, bei dem die Kinder nicht leben, hat sowohl während der Zeit des Getrenntlebens als auch nach der Scheidung das Recht, die Kinder regelmäßig zu besuchen und mit ihnen persönlichen Umgang zu haben. Das Umgangsrecht ist das Elternrecht des anderen Elternteils. Nach dem Gesetz haben beide Elternteile alles zu unterlassen, was das Verhältnis der Kinder zum anderen Elternteil beeinträchtigt oder die Erziehung erschwert. Deshalb kann die Verweigerung des Umgangsrechtes sich auch auf die Sorgerechtsübertragung auswirken.

Zur Ausübung des Umgangsrechtes gehört meistens, daß der Berechtigte die Kinder alleine sehen, zu sich nehmen oder mit ihnen etwas unternehmen darf. Er hat das Recht, die Kinder zu seinen Freunden und Verwandten mitzunehmen, wenn dies den Kindern nicht schadet. Das gleiche gilt, wenn die Kinder z. B. die neue Freundin des Vaters kennenlernen sollen. Nur selten wird es Gründe für die Annahme geben, daß die Kinder dadurch seelischen Schaden erleiden.

Die Häufigkeit, die Dauer und die Art der Durchführung des Umgangsrechtes sollten auf das Alter und die seelische Verfassung der Kinder abgestimmt werden. Es gibt dafür keine allgemeingültigen Regelungen. Auch hier ist eine einverständliche Absprache am besten. Das ist jeweils eine gute Voraussetzung dafür, daß die Kinder die Trennung von dem einen Elternteil verkraften.

Bei kleineren Kindern ist es unter Umständen besser, wenn sie sich auf regelmäßige Besuche einstellen und verlassen können und die Abstände nicht sehr groß sind. Dies kommt ihrem noch nicht so ausgeprägten Zeitgefühl entgegen. Es kann auch sehr hilfreich sein, wenn die sorgeberechtigte Mutter die Kinder zu dem Vater bringt und damit ihr Einverständnis mit diesem Umgang zeigt, und wenn nach dem Besuch der umgangsberechtigte Vater die Kinder wieder zu der Mutter zurückbringt und dadurch ebenso sein Einverständnis mit der Regelung ausdrückt. Kleine Kinder sollen möglichst nicht aus ihrer gewohnten Umgebung herausgerissen werden und deshalb auch nicht bei dem anderen Elternteil übernachten. Ihnen soll klar bleiben: Bei diesem Elternteil

lebe ich, den anderen besuche ich. Dies gilt aber meist dann nicht, wenn den Kindern die Umgebung von früher vertraut ist.

Bei älteren Kindern kann sich jedoch eine genaue Festlegung der Umgangstage nachteilig auswirken. Die Kinder haben häufig eigene Interessen, wollen am Wochenende Freunde und Freundinnen besuchen oder haben sich zu Veranstaltungen verabredet und können dann eine starre Besuchsregelung als Verplanung oder Zwang empfinden. Am besten beteiligen Sie Ihre älteren Kinder an der Entscheidung.

Für die Dauer der Besuche gibt es keine festgeschriebenen Regeln. Die Familiengerichte regeln das Umgangsrecht häufig so: Jedes zweite oder dritte Wochenende von Samstagmorgen bis Sonntagabend, jeweils den zweiten Feiertag von Weihnachten, Ostern und Pfingsten, 2 Wochen in den großen Ferien und eventuell noch dazu abwechselnd eine Woche zu Weihnachten oder zu Ostern.

Die Eltern können auch, ohne Einzelheiten festzulegen, ein «groß-zügiges Umgangsrecht» vereinbaren. Das setzt voraus, daß sie in der Lage sind, diese Besuche miteinander abzustimmen. Das Umgangs-recht gibt Ihnen Freiraum für eigene Unternehmungen ohne die Kin-

der. Diese freie Zeit können Sie besser für sich nutzen, wenn eine feste Regelung besteht. Versucht Ihr Ehemann häufiger, die festgelegten und abgesprochenen Besuchstage nach seinen Bedürfnissen zu verschieben, so brauchen Sie sich darauf nicht einzulassen.

Häufig wird das Umgangsrecht dazu eingesetzt, auf den anderen Ehepartner seelischen Druck auszuüben. Davon sind dann auch die Kinder betroffen. Sie haben in solchen Fällen die Möglichkeit, sowohl während des Getrenntlebens als auch nach der Scheidung eine Entscheidung des Familiengerichts zu beantragen. Das Gericht beschließt den Umfang des Umgangsrechtes bzw. entzieht dem anderen Elternteil vorübergehend oder auf Dauer das Umgangsrechtes. Ein Ausschluß wird nur in seltenen Fällen ausgesprochen, zum Beispiel:

• wenn der Umgangsberechtigte etwa aufgrund starken Alkoholgenusses nicht mehr in der Lage ist, das Kind zu betreuen;
• wenn der Umgangsberechtigte zu unkontrollierten Wutausbrüchen neigt oder das Kind sogar mißhandelt;
• wenn die ernsthafte Gefahr besteht, daß er das Kind entführt;
• wenn der Umgangsberechtigte das Kind jahrelang nicht besucht hat;

- wenn das Kind von ihm sexuell mißbraucht worden ist;
- wenn das Umgangsrecht bei dem Kind schwere Störungen oder Krankheiten verursacht.

Auch in diesen Fällen hört das Familiengericht die Beteiligten und das Jugendamt an. In schwierigen Fällen zieht es einen Sachverständigen hinzu.

Stellt sich heraus, daß eine einmal festgelegte Besuchsregelung nicht sinnvoll ist, kann das Gericht auf Antrag diese ändern und eine neue Regelung treffen.

Die Kosten, die durch die Besuche entstehen, trägt der Umgangsberechtigte allein; sie können nicht vom Unterhalt abgezogen werden (siehe dazu auch Seite 60).

Auf das Umgangsrecht kann nicht rechtswirksam verzichtet werden. Es geht auch nicht dadurch verloren, daß dieser Elternteil keinen Unterhalt zahlt oder sich nur unregelmäßig um das Kind gekümmert hat.

3. Wer zahlt für die Kinder und wieviel?

Das Kind erhält den Barunterhalt von dem Elternteil, bei dem es nicht lebt und der es nicht täglich betreut. Häufig bleiben die Kinder bei der Trennung oder der Scheidung bei der Mutter, so daß der Unterhaltsanspruch sich gegen den Vater richtet. Den Anspruch muß die Mutter für das minderjährige Kind durchsetzen.

Die Höhe des Unterhalts

Die Höhe der monatlichen Zahlungen ist abhängig von
- dem Nettoeinkommen des Vaters,
- der Anzahl der Personen, denen der Vater Unterhalt leisten muß,
- dem Selbstbehalt des Vaters (Mindestbetrag für seinen eigenen Unterhalt),
- der Höhe des staatlichen Kindergeldes,
- möglichen eigenen Einkünften der Kinder.

Was ist das Nettoeinkommen?

Die Grundlage für die Berechnung des monatlichen Kindesunterhalts ist das bereinigte durchschnittliche monatliche Nettoeinkommen des Vaters. Dies entspricht häufig nicht dem Auszahlungsbetrag auf der Lohn- und Gehaltsabrechnung eines Monats. Angefallene Überstunden, Urlaubs- und Weihnachtsgeld oder andere Zuwendungen sind einzubeziehen. Fahrgeld oder beruflich notwendige Aufwendungen (wie z. B. Gewerkschaftsbeiträge) sind abzuziehen. Wie das durchschnittliche monatliche Nettoeinkommen des Unterhaltsverpflichteten zu ermitteln ist, stellen wir ausführlich auf den Seiten 74 ff dar.

Das Nettoeinkommen von Selbständigen wird anders berechnet. Auf die Besonderheiten bei selbständig tätigen Personen weisen wir auf den Seiten 76 ff hin.

Zur Berechnung des Unterhalts muß Ihnen Ihr Mann vollständig Auskunft über sein Einkommen geben. Er hat Ihnen die Gehaltsnachweise der letzten zwölf Monate vorzulegen. Wenn er zusätzliche Einkünfte erzielt hat, z. B. aus Vermögen, Vermietung oder dem Lohnsteuerjahresausgleich, muß er Ihnen darüber auch Unterlagen vorlegen, die den Zeitraum von einem Jahr betreffen.

In welcher Form die Selbständigen Auskunft über ihre Nettoeinkünfte erteilen müssen, beschreiben wir auf den Seiten 76 ff.

Kommen Sie an die Einkommensunterlagen Ihres Mannes nicht heran und gibt er Ihnen nicht freiwillig Auskunft, so können Sie ihn verklagen. Die Klage auf Auskunft kann gleichzeitig mit einer Unterhaltsklage beim Familiengericht eingereicht werden.

Das Alter des Kindes

Für die Berechnung des Unterhalts spielt das Alter des Kindes eine Rolle. Man zählt in drei Altersstufen:
• bis zum 6. Geburtstag (das Kind ist also 0 bis 5 Jahre alt);
• bis zum 12. Geburtstag (das Kind ist also 6 bis 11 Jahre alt);
• bis zum 18. Geburtstag (das Kind ist also 12 bis 17 Jahre alt).

Für diese Altersstufen setzt die «Regelbedarfsverordnung» fest, welcher Unterhalt mindestens für die Kinder zu zahlen ist. Ab 1. 7. 1992 beträgt der Mindestunterhalt für die erste Altersstufe DM 291,–, für die zweite Altersstufe DM 353,– und für die dritte Altersstufe DM 418,–.

Der sehr niedrige Regelbedarf muß gezahlt werden, wenn der Vater wenig verdient, etwa DM 2300,- netto im Monat. Verdient er mehr, so steigt auch der Unterhalt für das Kind, und zwar in Stufen.

Die Düsseldorfer Tabelle, die von den meisten Gerichten – z. T. allerdings mit Abweichungen – angewandt wird, ist zugeschnitten auf den Fall, daß ein Vater für Frau und zwei Kinder Unterhalt leistet. Hat er für weniger als drei Personen Unterhalt zu zahlen, können Sie für Ihr Kind mehr verlangen, als Sie der Düsseldorfer Tabelle entnehmen. Anhaltspunkt dafür kann der Betrag aus der nächsthöheren Stufe der Tabelle sein.

Muß Ihr Mann für mehr als drei unterhaltsberechtigte Personen aufkommen, müssen Sie damit rechnen, daß Abstriche von den Tabellenwerten gemacht werden.

Mehrbedarf

Das Kind kann in wenigen Fällen sogenannten Sonderbedarf geltend machen; einige Gerichte erkennen z. B. Konfirmations- und Kommunionskosten als Sonderbedarf an. Unter bestimmten Umständen müssen auch Nachhilfestunden zur Überbrückung vorübergehender Schulschwierigkeiten, z. B. nach einer Krankheit, vom Vater als Sonderbedarf getragen werden. Dasselbe sollte für Kosten bei aufwendigen Klassenreisen gelten.

Selbstbehalt des Vaters

Wenn das Einkommen des Vaters so niedrig ist, daß nach der Unterhaltszahlung nicht einmal der sogenannte Selbstbehalt übrigbleiben würde, braucht der Vater in der Regel nicht den vollen Unterhalt zu zahlen. Der Selbstbehalt ist der Betrag, der dem Vater zum Leben verbleiben muß. Die Höhe des Selbstbehalts wird in den Gerichtsbezirken unterschiedlich angesetzt. Sie ist auch abhängig davon, ob der Vater erwerbstätig oder dauerhaft nicht erwerbstätig ist. Der Selbstbehalt liegt zwischen DM 1150,– und DM 1300,–. Bei Unterhaltszahlungen

Düsseldorfer Tabelle

Kindesunterhalt				Stand: 1. Juli 1992
Altersstufe	bis Vollendung des 6. Lebensjahres (Lbj.)	vom 7. bis Vollendung des 12. Lbj.	vom 13. bis Vollendung des 18. Lbj.	ab Vollendung des 18. Lbj.
Nichteheliche Kinder nach VO 1992		291	353	418

Eheliche Kinder nach Nettoeinkommen des Unterhaltspflichtigen in DM Gruppe				Bedarfskontrollbetrag in DM
1 bis 2300	291	353	418	1150/1300
2 2300–2600	310	375	445	1370
3 2600–3000	335	405	480	1450
4 3000–3500	370	450	530	1550
5 3500–4100	410	495	590	1680
6 4100–4800	450	545	650	1880
7 4800–5700	500	605	720	2100
8 5700–6700	550	665	790	2350
9 6700–8000	600	730	860	2600
über 8000	nach Umständen des Falles			

gegenüber volljährigen Kindern wird der Selbstbehalt zwischen DM 1400,– und DM 1600,– angesetzt.

Der Vater ist verpflichtet, zu arbeiten, um Unterhaltszahlungen zu gewährleisten. Tut er dies absichtlich nicht oder hat er eine frühere Tätigkeit ohne Grund aufgegeben, kann er trotzdem vom Familiengericht zu Unterhaltszahlungen verurteilt werden. Das Gericht legt das früher erzielte Arbeitseinkommen zugrunde. Allerdings ist es praktisch nicht möglich, ihn zu einer Arbeitsaufnahme zu zwingen, so daß eine zwangsweise Eintreibung des Unterhalts schwierig ist.

Die Verletzung der Unterhaltspflicht ist strafbar. Unsere Erfahrungen haben gezeigt, daß eine Strafanzeige gegen den Vater wegen Unterhaltspflichtverletzung Erfolg haben kann. Der Vater nimmt dann eine Arbeit auf, weil er Angst hat, bestraft zu werden.

Kann der Vater den Unterhalt kürzen, wenn er mit dem Kind Ferien verbringt?

Der Vater hat dazu kein Recht. Die Mutter muß weiterhin alle Kosten, außer Essen und Trinken, für das Kind zahlen. Die zusätzlichen Ausgaben, die der Vater während der Ferien für das Kind macht, muß er im Rahmen seines Umgangsrechtes allein tragen.

Das staatliche Kindergeld

Eltern haben ein Recht auf Kindergeld. Kindergeld muß schriftlich bei der Kindergeldkasse des zuständigen Arbeitsamts beantragt werden.

Seit dem 1. Januar 1992 beträgt das Kindergeld:

- DM 70,– für das erste Kind,
- DM 130,– für das zweite Kind,
- DM 220,– für das dritte Kind,
- DM 240,– für jedes weitere Kind.

Das Kindergeld kann sich je nach Einkommen der Eltern für das zweite und jedes weitere Kind verringern.

Verdient ein Ehepaar, das nicht dauernd getrennt lebt, DM 45 000,– oder mehr im Jahr oder verdient ein Alleinstehender DM 37 000,– oder mehr im Jahr, kann das Kindergeld für das zweite Kind bis auf DM 70,– gekürzt und für das dritte und jedes weitere Kind bis auf DM 140,– gekürzt werden. Für das erste Kind werden jedoch immer DM 70,– monatlich ausgezahlt.

Ist andererseits das Einkommen der Eltern so niedrig, daß der steuerliche Kinderfreibetrag nicht voll genutzt wird, kann ein Zuschlag zum Kindergeld beantragt werden.

Auch für volljährige Kinder wird das Kindergeld weitergezahlt, wenn sie in der Ausbildung oder arbeitslos sind. Sie müssen der Kindergeldkasse aber rechtzeitig, bevor Ihr Kind 18 wird, durch eine Bescheinigung der Schule, Lehrstelle, Universität oder des Arbeitsamts nachweisen, daß das Kind noch ausgebildet wird oder arbeitslos ist. Die Bescheinigungen werden jeweils nur für bestimmte Zeiträume erteilt und müssen rechtzeitig erneuert werden. Haben Sie vergessen, die Bescheinigungen einzureichen, holen Sie es möglichst umgehend nach. Nur höchstens sechs Monate kann das Kindergeld nachgezahlt werden.

Nach der Trennung der Eltern zahlt die Kindergeldkasse den Betrag an denjenigen weiter, der ihn auch schon vor der Trennung erhalten hat. Dies ist meistens der Vater. Falls die Kinder bei Ihnen leben und Sie sich mit Ihrem Mann einig sind, können Sie aber gemeinsam mit Ihrem Mann bestimmen und dies gegenüber der Kindergeldkasse auch erklären, daß Ihnen das Geld nach der Trennung ausgezahlt wird.

Dies ist insbesondere dann sinnvoll, wenn Sie steuerlich getrennt veranlagt werden. Da für die Bemessung des Kindergeldes das Einkommen des Berechtigten zugrunde gelegt wird, kann das Kindergeld höher sein, wenn Sie weniger Einkommen haben als Ihr Mann.

Schwieriger mit der Umstellung der Auszahlung ist es dann, wenn die Eltern sich nicht einig sind. Wenn Sie aber schon vom Familiengericht das Sorgerecht für Ihr Kind erhalten haben, brauchen Sie der Kindergeldkasse nur noch diesen Beschluß vorzulegen.

Berechnung von Kindesunterhalt und Berücksichtigung des Kindergeldes

Das staatliche Kindergeld kommt beiden Elternteilen bei der Berechnung des Kindesunterhaltes zugute. Wird das Kindergeld der Mutter ausgezahlt, verringert sich der Unterhalt um die Hälfte des Kindergeldes beim Vater. Erhält der Vater das Kindergeld ausgezahlt, so erhöht sich seine Unterhaltsverpflichtung um die Hälfte des Kindergeldes.

Zur Verdeutlichung haben wir für die Berechnung des Unterhalts unter Berücksichtigung der Zahlung des Kindergeldes folgende Beispiele gebildet:

1. Beispiel:
Ein zehnjähriges und ein vierjähriges Kind leben bei der Mutter, die ein eigenes Einkommen hat. Der Vater verdient DM 2200,– netto. Die

Mutter erhält das Kindergeld von insgesamt DM 200,– monatlich, DM 70,– für das erste und DM 130,– für das zweite Kind. Der Kindergeldanteil pro Kind beträgt also DM 100,–. Der Vater wird nach unserem Beispiel in die zweite Stufe der Düsseldorfer Tabelle eingruppiert, da er nur für seine zwei Kinder Unterhalt zahlt, für die Mutter aber nicht. Er zahlt damit:

für das vierjährige Kind	DM 310,–
abzüglich der Hälfte des Kindergeldanteils	DM 50,–
	DM 260,–
für das zehnjährige Kind	DM 375,–
abzüglich der Hälfte des Kindergeldanteils	DM 50,–
	DM 325,–

Erhält der Vater das Kindergeld ausgezahlt, so zahlt er:

für das vierjährige Kind	DM 310,–
zuzüglich der Hälfte des Kindergeldanteils	DM 50,–
	DM 360,–
für das zehnjährige Kind	DM 375,–
zuzüglich der Hälfte des Kindergeldanteils	DM 50,–
	DM 425,–

2. Beispiel:
Das Kindergeld bei drei Kindern beträgt DM 420,–; DM 70,– für das erste Kind, DM 130,– für das zweite Kind und DM 220,– für das dritte Kind. Bei der Unterhaltsberechnung wird für jedes Kind ein Anteil von DM 140,– zugrunde gelegt und die Hälfte dieses Betrages, nämlich DM 70,–, berücksichtigt.

Eigenes Einkommen des minderjährigen Kindes

Wenn Kinder eigene Einkünfte haben, verringert sich der vom Vater zu zahlende Unterhalt. Von diesen Einkünften kann das Kind ggf. seine berufsbedingten Aufwendungen, z. B. Fahrgeld oder Berufskleidung, abziehen. Von dem übrigbleibenden Betrag ist die Hälfte auf den Unterhaltsbetrag anzurechnen, den der Vater zu zahlen hat.

Unterhalt volljähriger Kinder

Das volljährige Kind kann gegenüber beiden Eltern einen Anspruch auf Barunterhalt haben. Diesen muß es im eigenen Namen geltend machen. Im Unterschied zu den minderjährigen Kindern müssen beide Elternteile im Verhältnis ihrer Einkünfte für den Unterhalt aufkommen. Wer allerdings weniger als den Selbstbehalt, d. h. DM 1400,– (Nichterwerbstätige) oder DM 1600,– (Erwerbstätige), monatlich netto verdient, ist nicht unterhaltsverpflichtet.

Kinder, die volljährig sind, haben einen Unterhaltsanspruch, wenn sie Schüler, Auszubildende oder Studenten sind oder trotz Bemühungen keine Arbeits- oder Ausbildungsstelle finden. Dieser Unterhaltsanspruch ist nicht einheitlich geregelt. Die Gerichte sprechen den Kindern zwischen DM 600,– und DM 1000,– monatlich zu.

Wenn die volljährigen Kinder eigenes Einkommen haben (z. B. BAFöG-Leistung, Ausbildungsvergütungen), wird dieser Betrag vom Unterhaltsbedarf abgezogen. Ebenso erfolgt der Abzug des Kindergeldes, das den erwachsenen Kindern von den Eltern in voller Höhe zur Verfügung zu stellen ist. Die Höhe des Barunterhalts des volljährigen Kindes hängt auch davon ab, ob das Kind noch zu Hause wohnt oder bereits ausgezogen ist.

Ansprüche von minderjährigen Kindern und Ehefrauen gehen denen von volljährigen Kindern vor. Also kann es vorkommen, daß das volljährige Kind keinen Unterhalt erhält, weil die Eltern mit ihrem Einkommen nur den Unterhalt für sich und die minderjährigen Kinder decken können.

Wie wird der Unterhalt gegen den Vater des Kindes durchgesetzt?

Zahlt der Vater unregelmäßig oder keinen Unterhalt und sind die Ansprüche auch noch nicht gerichtlich geregelt, müssen Sie ihn möglichst bald zur Zahlung auffordern. Sie erhalten nämlich den Kindesunterhalt erst von dem Zeitpunkt an, an dem Sie den Vater aufgefordert haben, für das Kind zu zahlen. Schreiben Sie ihm deshalb sofort, wenn Sie kein Geld erhalten haben. Am besten ist es, Sie schicken ihm einen Brief als Einschreiben mit Rückschein, damit Sie die Aufforderung zur Zahlung in einem Prozeß beweisen können. (Machen Sie sich eine Kopie!) Der Brief könnte etwa so lauten:

Traute Stark
Am Burggraben 13
10557 Berlin

per Einschreiben und Rückschein

Herrn
Hans Stark
Am Markt 7
20357 Hamburg   Berlin, den...
...

Lieber Hans,

Du hast in diesem Monat keinen Unterhalt für unsere Kinder bezahlt. Du verdienst monatlich DM 2800,– netto. Ich habe in der Düsseldorfer Tabelle nachgesehen. Du zahlst für mich keinen Unterhalt. Deshalb mußt Du nach der Gruppe 4 der Düsseldorfer Tabelle bezahlen, und zwar für Felix (4 Jahre) DM 370,– und für Anna (6 Jahre) DM 450,– monatlich. Ich erhalte das staatliche Kindergeld von monatlich DM 200,–. Beiden Kindern werden daher von den Unterhaltsbeträgen jeweils DM 50,– abgezogen. Für Felix hast Du daher DM 320,– und für Anna DM 400,– zu zahlen, und zwar diesen Monat umgehend.

Bitte, zahle in Zukunft Unterhalt bis zum 3. Werktag eines jeden Monats. Andernfalls kann ich den Kindesunterhalt beim Familiengericht einklagen.

Mit freundlichen Grüßen
Traute

Falls der Vater nicht freiwillig zahlt, muß er verklagt werden. Lassen Sie Ihre Rechtsanwältin prüfen, ob der Vater für die Klage einen Prozeßkostenvorschuß leisten kann. Wenn Sie und Ihr Mann nur geringes Einkommen haben, erhalten Sie für die Klage Prozeßkostenhilfe.

Ist Ihr Kind jünger als 12 Jahre und zahlt der Vater nicht, können Sie den Regelunterhalt monatlich von der Unterhaltsvorschußkasse beim Jugendamt erhalten. Dies jedoch nur für maximal 6 Jahre. Sie müssen aber auf jeden Fall Ihren Mann verklagen und der Unterhaltsvorschußkasse das Urteil des Familiengerichts vorlegen. Sie ersparen sich damit die Mühe mit der Zwangsvollstreckung. Die Unterhaltsvorschußkasse versucht nämlich, das Geld von Ihrem Mann zurückzubekommen.

Nur wenn feststeht, daß von Ihrem Mann kein Unterhalt zu erwarten ist (z. B. wenn er selbst Sozialhilfe bezieht, wenn er in Haft ist oder wenn der Aufenthaltsort unbekannt ist), ist es nicht notwendig, daß Sie ihn verklagen. Dann zahlt die Unterhaltsvorschußkasse auch ohne Vorlage eines Unterhaltsurteils.

Erhält Ihr Mann Arbeitslosengeld, Krankengeld oder eine Rente, gibt es noch einen einfacheren Weg. Sie brauchen weder vor dem Gericht zu klagen noch später zu vollstrecken. Sie erhalten einen Teil des Arbeitslosengeldes, Krankengeldes oder der Rente unmittelbar vom öffentlichen Leistungsträger. (Dies gilt allerdings nicht für Unterhaltsrückstände.) Um die Abzweigung des Unterhaltsbetrages zu erreichen, müssen Sie beim Arbeitsamt, der Krankenkasse oder der Rentenversicherung – möglichst unter Angabe der Versicherungsnummer Ihres Mannes, jedenfalls seines Geburtsdatums –, einen Antrag stellen, die monatlichen Unterhaltszahlungen direkt an Sie zu überweisen (abzuzweigen). Der Mann erhält dann nur den verbleibenden Rest. Dieses Verfahren gilt sowohl für den Kindesunterhalt als auch für Ihren eigenen Unterhalt, dann aber nur bis zur Scheidung. Für den Abzweigungsantrag nach § 48 SGB gibt es Formulare bei den Leistungsträgern. Schneller geht es, wenn Sie einen entsprechenden Brief schreiben:

Traute Stark
Am Burggraben 13
10557 Berlin

An das
Arbeitsamt Hamburg
20335 Hamburg   Berlin, den...

Betr.: Abzweigung nach § 48 SGB
Hans Stark, Am Markt 7, 20357 Hamburg
Geburtsdatum..., Stamm-Nr. ...

Hiermit stelle ich den Antrag, von der laufenden Leistung an
meinen Ehemann Hans Stark (Arbeitslosengeld bzw. -hilfe
oder Unterhaltsgeld/Unterhaltsleistungen) für mich und meine
Kinder
Ulla, geb. am...
Michael, geb. am...

den Unterhalt in angemessener Höhe abzuzweigen.
Meine Konto-Nr. lautet:...bei der Sparkasse... (BLZ...).

Mit freundlichen Grüßen
Traute Stark

Falls Sie bereits ein Unterhaltsurteil haben, können Sie statt «in angemessener Höhe» schreiben «in Höhe des titulierten Betrages, siehe Fo-
tokopie».

*Was kann ich tun, wenn die Unterhaltshöhe
geändert werden soll?*

Die Höhe des Kindesunterhalts kann sich aus vielen Gründen ändern:
• Das Kind kann in eine andere Altersstufe kommen;
• die Düsseldorfer Tabelle hat sich geändert;

- das Einkommen des Vaters hat sich erhöht;
- andere Kinder, denen der Vater auch unterhaltsverpflichtet war, haben eigenes Einkommen.

Ein Abänderung, zu der der Vater nicht freiwillig bereit ist, kann nur mit einer Klage erreicht werden. In der Klage müssen Sie vortragen, welche Umstände früher vorlagen und was sich jetzt geändert hat. Sie müssen nachweisen, daß die Grundlagen für die Unterhaltsberechnung sich derartig verändert haben, daß Sie nun für Ihr Kind einen mindestens um zehn Prozent höheren Unterhaltsbetrag verlangen können.

Auch der Vater hat ein Abänderungsrecht, z. B. wenn er weniger verdient, wenn er arbeitslos wird oder für weitere Kinder zahlen muß.

Hinweis:
Sie können für Ihr Kind nicht auf seinen Unterhaltsanspruch verzichten. Möglich ist allerdings, daß Sie sich in einem Scheidungsfolgenausgleich verpflichten, den Vater von Unterhaltsansprüchen des Kindes freizuhalten. Diese Abmachung bedeutet aber, daß Sie für immer an Stelle des Vaters für den Kindesunterhalt aufkommen müssen. Bevor Sie eine solche weitgehende Vereinbarung treffen, sollten Sie sich unbedingt anwaltlich beraten lassen.

Wann muß ich Unterhalt für die Kinder zahlen?

Manche Männer verlangen, daß sich die Frauen trotz der Kinderbetreuung auch am Barunterhalt der Kinder beteiligen, so z. B. wenn die Frauen ganztägig berufstätig sind und die Kinder in der Kindertagesstätte oder von einer Tagesmutter versorgt werden. Diese Forderung der Männer ist ungerechtfertigt. Es ist gleichgültig, wann Sie Ihre Betreuungsleistung für die Kinder erbringen. Sie kann auch in den Abendstunden oder am Wochenende erfolgen.

Erst wenn Ihr Kind volljährig ist, müssen Sie sich unter Umständen am Barunterhalt beteiligen.

Wenn die Kinder beim Vater leben, vertauschen sich auch die Rollen in finanzieller Hinsicht. Sie müssen dann nach den oben beschriebenen Grundsätzen Unterhalt für die Kinder entsprechend Ihren monatlichen Einkünften zahlen.

4. Kindertagesstätten

Sie haben sich von Ihrem Mann getrennt und wollen wieder erwerbstätig sein. Dann taucht für Sie das Problem auf, wo Sie Ihr Kind während der Arbeitszeit unterbringen können. Nicht jeder hat Eltern oder Freunde, die diese Aufgabe tagtäglich übernehmen können und wollen. Auch wird Ihnen das Arbeitsamt eher eine Stelle vermitteln können, wenn Sie schon eine Unterbringungsmöglichkeit haben.

Einer alleinstehenden Frau mit Kind, die berufstätig ist oder sein will, steht ein Anspruch auf einen staatlichen Tagesheimplatz zu. Diese Plätze sind allerdings sehr knapp, und oft sind die Wartezeiten lang. Um einen solchen Platz zu bekommen, müssen Sie bei der für Sie zuständigen *Jugendbehörde* oder *Familienfürsorge* (je nach Bundesland) einen Antrag stellen. Wenn Ihr Einkommen niedrig ist, beantragen Sie, daß die Kosten für den Platz in der Kindertagesstätte von der Behörde übernommen werden. Einen Teil der Kosten müssen Sie eventuell selbst tragen. Die Höhe dieses Anteils hängt von der Zahl und dem Alter Ihrer Kinder, Ihrem Einkommen und Ihren festen Ausgaben ab. Die Berechnung ist in den einzelnen Bundesländern unterschiedlich. Da man die entsprechenden Vorschriften großzügig oder kleinlich auslegen kann, ist es wichtig, daß Sie der Behörde Ihre Notlage deutlich machen.

Die Kosten werden nur übernommen, wenn Ihr Kind in ein Tagesheim kommt, welches in dem behördlichen Verzeichnis der Kindereinrichtungen aufgeführt ist. Fragen Sie das Jugendamt, die Familienfürsorge oder die Heimaufsicht des Landesjugendamtes nach dem Verzeichnis.

Es gibt viele Tagesheime, die nicht in diesem Verzeichnis aufgeführt sind, also von den Behörden noch nicht anerkannt werden. Diese haben oft ein besseres Erziehungsprogramm, liegen vielleicht sehr günstig in der Nähe Ihrer Wohnung oder Ihres Arbeitsplatzes, vielleicht gehen Freunde Ihres Kindes auch dorthin. Dann sollten Sie unbedingt versuchen, die Übernahme der Kosten durch die Behörde zu erreichen. Schließen Sie sich dazu mit anderen Eltern zusammen. Wahrscheinlich wird Sie auch die Tagesheimleitung unterstützen. Vielleicht wird dann auch dieses Heim in das Verzeichnis aufgenommen.

In einigen Bundesländern gibt es auch die Möglichkeit, das Kind bei einer behördlich anerkannten Tagesmutter in Pflege zu geben. Die Kosten einer solchen Tagesmutter können je nach Einkommen ganz oder teilweise von der Behörde übernommen werden. Auch hierzu sind entsprechende Anträge bei der Jugendbehörde / Familienfürsorge notwendig.

5. Welchen Nachnamen trägt das Kind nach der Scheidung der Eltern?

Nach der Scheidung behält Ihr Kind den ehelichen Nachnamen, auch wenn Sie Ihren Geburtsnamen wieder annehmen oder wieder heiraten und den Namen Ihres neuen Mannes annehmen.

Nur in Ausnahmefällen können Sie durch einen *Namensänderungsantrag* beim Standesamt erreichen, daß Ihr Kind Ihren Namen oder den Namen Ihres neuen Ehemannes erhält.

6. Kinder, die nach der Scheidung geboren werden

Wenn Sie innerhalb von 302 Tagen nach Ihrer rechtskräftigen Scheidung ein Kind bekommen, gilt dieses Kind grundsätzlich als ehelich. Dies bedeutet, daß Ihr geschiedener Mann rechtlich immer als der Vater des Kindes anzusehen ist, auch wenn klar ist, daß das Kind von einem anderen Mann stammt. Er hat also gemeinsam mit Ihnen das elterliche Sorgerecht und muß für das Kind Unterhalt zahlen. Wird jedoch später gerichtlich festgestellt, daß ein anderer Mann der Vater des Kindes ist, muß dieser die Unterhaltsbeträge an Ihren geschiedenen Ehemann zurückzahlen. Sie können beim Familiengericht beantragen, daß Ihnen das Sorgerecht für dieses Kind allein übertragen wird. Dadurch wird Ihr geschiedener Ehemann aber nicht von seiner Unterhaltspflicht entbunden.

Wenn Sie vor der Geburt des Kindes erneut heiraten, gilt der neue Ehemann als Vater des Kindes, unabhängig davon, ob er es wirklich ist oder nicht. Er hat dann das Sorgerecht gemeinsam mit Ihnen und muß Unterhalt zahlen.

7. Anfechtung der Ehelichkeit des Kindes

Ist Ihr geschiedener Mann nicht der Vater eines Kindes, das Sie während der Trennungszeit oder innerhalb von 302 Tagen nach Rechtskraft der Scheidung geboren haben, so kann die Ehelichkeit des Kindes angefochten werden. Das kann nur durch eine Klage geschehen, die beim Amtsgericht einzureichen ist. Klagen können nur Ihr (geschiedener) Mann oder das Kind, gesetzlich vertreten durch Sie oder das Jugendamt.

Die Klage muß innerhalb von zwei Jahren erhoben werden, nachdem der Klagende die Umstände erfahren hat, die gegen die Ehelichkeit des Kindes sprechen. Das Gericht muß von sich aus alle Beweismöglichkeiten ausschöpfen. In der Regel wird es sich dabei auf Blutgruppenuntersuchungen und ein erbbiologisches Gutachten stützen. Kommt es zu dem Ergebnis, daß Ihr (geschiedener) Mann nicht der Kindesvater ist, so stellt es dies in einem Urteil fest.

Ein solcher Prozeß kann teuer werden, da das Blutgruppengutachten bezahlt werden muß. Wenn Sie den richtigen Vater des Kindes sowieso heiraten wollen, sollten Sie Ihr Scheidungsverfahren möglichst beschleunigen (eventuell durch Abtrennung des Versorgungsausgleichsverfahrens) und den Vater vor der Geburt des Kindes heiraten.

Erst mit der Rechtskraft des Anfechtungsurteils steht dann fest, daß Ihr Kind vom Tage seiner Geburt an nicht ehelich war. Bis zur Rechtskraft des Urteils muß Ihr (geschiedener) Mann aber trotzdem den Kindesunterhalt zahlen. Hat das Sozialamt diesen Unterhalt übernommen, kann es dieses Geld von Ihrem (geschiedenen) Mann zurückfordern, auch wenn Sie übereinstimmend erklären, daß er nicht der Vater des Kindes ist. Ihr (geschiedener) Mann kann aber den Kindesunterhalt von dem richtigen Vater des Kindes zurückfordern.

4. KAPITEL

Wovon lebe ich während der Trennungszeit?

Die Trennungszeit beginnt, wenn Sie keinen gemeinsamen Haushalt mehr mit Ihrem Mann führen. Auch innerhalb der ehelichen Wohnung können Sie und Ihr Mann getrennt leben (siehe 1. Kapitel, 1. Abschnitt, S. 14) Die Trennungszeit dauert bis zur Rechtskraft des Scheidungsurteils. Haben Sie in dieser Zeit kein ausreichendes eigenes Einkommen, gibt es folgende Möglichkeiten, Ihren Unterhalt zu finanzieren:

- Ihr Mann kommt für den Unterhalt auf;
- das Sozialamt zahlt, wenn Ihr Mann nicht genug verdient oder nicht freiwillig zahlt;
- Sie versuchen, für eine Umschulung oder Weiterbildung staatliche Förderung zu erhalten.

1. Muß mein Mann während der Trennungszeit weiter für meinen Unterhalt aufkommen?

Während der Trennungszeit brauchen Sie noch keine einschneidenden Veränderungen in Ihrer Lebensführung hinzunehmen. Die Trennungszeit ist noch Ehezeit. Praktisch führt die Trennung aber dazu, daß das Geld knapper wird, die doppelte Miete schlägt sehr zu Buch. Das gemeinsame Wirtschaften war meist auch sparsamer als zwei getrennte Haushalte. Wenn Ihr Mann während Ihrer Arbeitszeit die Kinder versorgt hat, müssen Sie jetzt unter Umständen etwas dafür bezahlen, daß Ihre Kinder durch andere betreut werden.

Sie können von Ihrem Mann Unterhalt verlangen, wenn Sie minderjährige Kinder zu betreuen haben und deshalb zu Hause geblieben sind. Auch wenn Sie in den letzten Ehejahren «nur Hausfrau» waren, können Sie weiter Hausfrau bleiben, z. B. wenn Sie nicht gesund sind oder wenn Sie deswegen Hausfrau waren, weil Ihr Mann und Sie dies so gewollt hatten und Sie schon älter (über 55 Jahre) sind.

Sind Sie bei der Trennung noch jünger und haben Sie keine Kinder zu betreuen, so müssen Sie auch schon während der Trennungszeit Ihre eigene Erwerbstätigkeit vorbereiten. Bei länger dauerndem Scheidungsverfahren wird von Ihnen erwartet, daß Sie schon während der Trennungszeit einen Arbeitsplatz suchen. Wenn es Ihnen aus gesundheitlichen Gründen nicht zuzumuten ist zu arbeiten, wird dies berücksichtigt. Ebenso, wenn Sie trotz intensivster Suche keine Arbeit finden können.

Wenn Sie Kinder betreuen, die nicht aus dieser Ehe stammen, können Sie während der Trennungszeit weiter von Ihrem Mann Unterhalt verlangen, aber nicht mehr nach der Scheidung.

Wenn Sie wegen der Heirat Ihre Ausbildung unterbrochen oder gar nicht erst begonnen haben, können Sie nach der Trennung von Ihrem Mann Unterhalt fordern, um einen Beruf zu erlernen. Mit dem Beginn dieser Ausbildung dürfen Sie nicht warten, bis die Scheidung ausgesprochen ist, denn dazu dauern die Scheidungsverfahren zu lange.

Waren Sie schon während der Ehe erwerbstätig, so steht Ihnen nach der Trennung ein Unterhaltsanspruch zu, wenn Sie weniger als Ihr Mann verdienen. Dabei ist es gleichgültig, ob Sie teilzeitbeschäftigt sind oder eine schlechter bezahlte Arbeit haben als Ihr Mann.

Wenn Sie merken, daß sich Ihr Mann von Ihnen trennen will oder Sie selbst die Trennung wollen, sollten Sie eine Ihnen *zumutbare* Berufstätigkeit möglichst vor der Trennung aufnehmen, weil dies sich günstig auf die Höhe Ihres Unterhaltsanspruchs auswirkt.

Dieser bemißt sich nämlich nach den sogenannten ehelichen Lebensverhältnissen. Waren diese nur durch das Einkommen Ihres Mannes geprägt, so stehen Ihnen grundsätzlich 3/7 seines Nettoeinkommens zu, und Ihr neuer (nach der Trennung) Eigenverdienst wird darauf angerechnet. Dies nennt man Anrechnungsmethode.

Haben Sie schon vor der Trennung mitgearbeitet, bestimmten Ihr Einkommen und das Ihres Mannes die sogenannten ehelichen Lebensverhältnisse. Dann stehen Ihnen grundsätzlich 3/7 der Differenz beider Einkommen zu. Dies nennt man die sogenannte Differenzmethode. Die Methode ist meistens günstiger für Sie.

Dazu zwei Beispiele:

1. Beispiel:
Die Frau hat schon vor der Trennung eine Arbeit aufgenommen. Sie verdient DM 1000,– netto monatlich, der Mann DM 3000,– netto monatlich. Dann verdient er also DM 2000,– mehr als Sie. Von dieser Differenz (Differenzmethode) stehen Ihnen 3/7 zu, also DM 857,–. Mit Ihrem eigenen Verdienst haben Sie dann monatlich DM 1857,–.

2. Beispiel:
Die Frau nimmt erst nach der Trennung eine Arbeit auf und verdient monatlich DM 1000,–. Der Mann bezieht wiederum DM 3000,–. Dann waren die ehelichen Verhältnisse durch den Verdienst des Mannes geprägt, da die Ehefrau vor der Trennung noch nicht mitgearbeitet hatte. 3/7 von DM 3000,– machen DM 1286,– aus. Hierauf wird nun aber der eigene Verdienst von DM 1000,– angerechnet (Anrechnungsmethode), so daß nur noch DM 286,– verbleiben, die von dem Ehemann als Unterhalt gefordert werden können. Sie haben in diesem Fall zusammen mit Ihrem Eigenverdienst monatlich DM 1286,–.

Wir meinen, daß die Anrechnungsmethode sich gegen die Frauen richtet, die sich nach der Trennung eine eigene Existenz aufbauen und vorher Hausfrauen waren. Es ist nicht einzusehen, daß die Frau, die schon vor der Trennung gearbeitet hat, sich finanziell besser steht als diejenige, die erst nach der Trennung berufstätig wird. Deshalb wird die Anrechnungsmethode auch verschiedentlich kritisiert.

Die Rechtsprechung macht von der Anrechnungsmethode eine Ausnahme, wenn Sie schon vor der Trennung Teilzeit gearbeitet haben und diese Tätigkeit zwischen Trennung und Rechtskraft der Scheidung zur Ganztagstätigkeit ausweiten, wenn dies auch ohne die Trennung geschehen wäre und schon vor der Trennung geplant war.

Beispiel:
Sie wollten schon immer Vollzeit arbeiten, wenn Ihr Kind ein bestimmtes Alter erreicht hat. Der Fall tritt nach der Trennung ein, und Sie stocken deshalb Ihre Arbeitszeit auf. Dann gilt die sog. Differenzmethode. Deshalb sollten Sie sich grundsätzlich gegen die Anrechnungs-

methode zur Wehr setzen und im Streitfall dem Familiengericht Ihre beruflichen Planungen vor der Trennung mitteilen.

Hinweis:
Sie gefährden Ihren Unterhaltsanspruch, wenn Sie mit Ihrem Freund zusammenziehen.

Sie können Ihren Unterhaltsanspruch ganz verlieren, wenn es Ihrem Mann gelingt, im Unterhaltsprozeß nachzuweisen, daß Sie aus der *intakten* Ehe ausgebrochen sind, um mit Ihrem Freund zusammenzuziehen.

Wenn Ihr Freund nicht der Grund für die Trennung ist und Sie später mit ihm zusammenziehen, kann sich Ihr Unterhaltsanspruch verringern. Entweder wird davon ausgegangen, daß die gemeinsame Haushaltsführung weniger kostet und deshalb Ihr Unterhaltsbedarf geringer ist. Z. B. kann Miete, die Sie sparen oder von Ihrem Freund verlangen können, Ihren Unterhaltsanspruch schmälern. Oder es kann unterstellt werden, daß Sie bezahlte Hausarbeit für Ihren Freund leisten, insbesondere, wenn Sie keine Berufstätigkeit ausüben. Wenn Sie keine Hausarbeit für Ihren Freund machen, weil er diese selbst erledigt, müssen Sie das dem Gericht beweisen.

Falls Sie sich von Ihrem Freund wieder trennen, kann Ihr Unterhaltsanspruch gegen Ihren Mann wieder aufleben.

2. Wieviel Unterhalt muß mein Mann mir zahlen?

Die Höhe Ihres Unterhaltsanspruchs richtet sich hauptsächlich danach, wie hoch das anrechenbare Einkommen Ihres Mannes ist. Einkommen sind Arbeitseinkommen einschließlich Sonderzahlungen sowie Ortszuschläge, Pensionen und Renten aller Art, Krankengeld, Arbeitslosenunterstützung, auch Nebenverdienste und Mieteinnahmen sowie Erträge aus Kapitalvermögen, z. B. Zinsen und Steuerrückzahlungen. Jedes Einkommen ist bei der Unterhaltsberechnung zu berücksichtigen.

Erhält Ihr Mann neben seinem festen Monatsgehalt z. B. als Angestellter oder Beamter noch andere Zahlungen seines Arbeitgebers (am häufigsten sind: 13. und 14. Gehalt, Weihnachtsgeld, Urlaubsgeld, Tantiemen, Gewinnbeteiligung), so zählen auch diese Einkünfte zum Verdienst des Mannes. Die innerhalb eines Jahres erhaltenen Beträge werden zusammengerechnet, durch zwölf geteilt und zum monatlichen Nettogehalt hinzugezählt. Hat der Mann ein schwankendes Einkommen, z. B. weil er monatlich verschieden viele Überstunden macht, so wird auch hier der Unterhalt der Frau nach dem monatlichen Durchschnittseinkommen des Mannes im letzten Jahr berechnet.

Bekommt der Mann vom Arbeitgeber Spesen o. ä. Zahlungen, weil er außerhalb seines Arbeitsplatzes, z. B. als reisender Monteur oder Handelsvertreter, eingesetzt wird, so ist dem Einkommen des Mannes der Teil der Spesen hinzuzurechnen, den er nicht tatsächlich auf Reisen verbraucht hat. Hier macht der von Berufs wegen Reisende manchmal einen «Schnitt» beim Verpflegungssatz. Wenn Sie meinen, daß Ihr Mann aus seinen Reisespesen ein verstecktes Einkommen übrigbehält, sollten Sie Belege verlangen. Zum Einkommen zählt auch der geldwerte Vorteil eines Firmenwagens.

Eine Abfindung für den Verlust des Arbeitsplatzes zählt auch zum Einkommen. In welcher Höhe, muß immer im Einzelfall geprüft werden.

Oft wissen die Frauen nicht, was ihre Männer verdienen. Viele Männer halten die Frauen bewußt im unklaren über ihr Einkommen und geben ihnen nur Haushaltsgeld. Wenn Sie Ihre Trennung vorbereiten, sollten Sie sich die Kontoauszüge und Verdienstbescheinigungen bzw. Einkommensbelege Ihres Mannes ansehen und sich Fotokopien machen. Nutzen Sie auch Ihre Informationschance beim Antrag auf Lohnsteuerjahresausgleich bzw. bei der Einkommenssteuererklärung. Diese Formulare müssen bei gemeinsamer Veranlagung von Ihnen gemeinsam unterschrieben werden. Hier haben Sie spätestens eine Möglichkeit, das gesamte Einkommen Ihres Mannes im abgelaufenen Kalenderjahr zu erfahren. Deshalb machen Sie sich Fotokopien.

Sie haben ohnehin das Recht, sich von Ihrem Mann die Belege über sein gesamtes Brutto- und Nettoeinkommen (z. B. Gehaltsabrechnungen, Leistungsbescheide usw.) der letzten zwölf Monate, auch den letzten Steuerbescheid und die letzte Steuererklärung, vorlegen zu lassen. Gibt er diese Unterlagen nicht freiwillig heraus, können Sie ihn auf Auskunft verklagen.

Was kann vom Einkommen abgezogen werden?

Vom ermittelten Bruttoeinkommen sind die Steuern und Sozialversicherungsbeiträge abzuziehen. Weiter können die Ausgaben abgezogen werden, die Ihr Mann für seine berufliche Tätigkeit hat: Fahrgeld, Berufskleidung, seine berufliche Weiterbildung (Bücher, Kurse), Gewerkschaftsbeiträge o. ä. Diese Ausgaben müssen aber unbedingt für den Beruf Ihres Mannes erforderlich sein, und sie müssen von ihm belegt werden.

Fährt Ihr Mann mit dem Auto zur Arbeit, so kann er seine Autokosten meist nur in Höhe einer Monatskarte absetzen, es sei denn, er braucht das Auto für den Beruf (z. B. Vertreter). Dann muß er aber eine genaue Aufstellung machen über die Kosten und über das, was er vom Arbeitgeber oder im Jahressteuerausgleich wiederbekommt. Manche Gerichte ziehen pauschal fünf Prozent des Nettoeinkommens als berufsbedingte Ausgaben des Mannes ab. Allerdings gibt es hier auch Höchstgrenzen.

Mein Mann ist selbständig

Ist Ihr Mann selbständig, ist die Ermittlung seines Einkommens sehr viel schwieriger.

Bei Selbständigen gilt als Einkommen der zu versteuernde Gewinn. Von diesem Gewinn werden die im laufenden Jahr anfallenden Steuern abgezogen sowie im angemessenen Rahmen die Beiträge zur Krankenversicherung und Altersvorsorge.

Da die Höhe des Einkommens aus selbständiger Tätigkeit sehr schwankend ist, wird grundsätzlich das Durchschnittseinkommen aus dem Gewinn der letzten drei vollständigen Kalenderjahre ermittelt. Sie können von Ihrem Mann die Vorlage seiner Gewinn- und Verlustrechnungen und Bilanzen sowie Steuerbescheide und Steuererklärungen der letzten drei Jahre verlangen. Wenn Ihr Mann keine Bilanzen erstellen muß, z. B. als Taxifahrer, Gastwirt usw., muß er Ihnen die Einnahme- und Überschußrechnungen der letzten drei Jahre nebst Steuerbescheiden und Steuererklärungen vorlegen.

Nach dem Steuerrecht gibt es für einen Selbständigen viele Möglichkeiten, seinen Gewinn in gesetzlich erlaubter Weise vor der Versteuerung dadurch zu verkleinern, daß er in den Betrieb investiert, Abschreibungen auf vorhandenes Betriebsvermögen oder auf eine Eigentumswohnung/Haus vornimmt oder Teile des privaten Verbrauchs (PKW, Reisen) steuerlich einkommensmindernd einsetzt. Es ist bei den Familiengerichten anerkannt, daß nicht jede steuerrechtlich zulässige Einkommensminderung bei der Berechnung des Unterhalts maßgebend ist. Sie sollten die Zahlen aus der vorgelegten Gewinnermittlung genau prüfen. Der Selbständige kann häufig mehr Unterhalt leisten, als es nach seinem zu versteuernden Gewinn den Anschein hat.

Falls der Gewinn aus den vorgelegten Zahlen erheblich niedriger ist, als Ihr bisheriger Lebensstandard vermuten läßt, raten wir Ihnen dringend, eine Aufstellung über Ihren bisherigen Lebensaufwand zu machen. Unter Umständen kann die Höhe Ihres Unterhalts nämlich auch nach den Entnahmen aus dem Geschäft und nach dem bisherigen Lebenszuschnitt geschätzt werden. Auch hier kann Ihr Mann mit einer Auskunftsklage gezwungen werden, die Höhe seines Einkommens und seiner Entnahmen bekanntzugeben und zu belegen.

Das so ermittelte anrechenbare Einkommen kann um folgende Positionen bereinigt werden.

Abzug familienbedingter Schulden

Selbständige und nicht selbständig Tätige können die monatlichen Raten, die sie zur Tilgung familienbedingter Schulden zahlen müssen, berücksichtigen und vom durchschnittlichen monatlichen Einkommen abziehen, z. B. Kredite, Anschaffungen von Möbeln, Auto u. ä.

Sie sollten sich aber hüten, alle Darlehensverpflichtungen Ihres Mannes als abzugsfähige Schulden anzuerkennen. Hat sich Ihr Mann z. B. ohne Ihr Einverständnis eine Taucherausrüstung oder ein teures Auto auf Kredit angeschafft und nimmt er diese Sachen nach der Trennung mit, können Sie darauf dringen, daß diese Schulden bei der Höhe Ihres

Unterhalts nicht berücksichtigt werden dürfen. Wenn solche Schulden in einen Kredit eingeflossen sind, der im Rahmen einer Umschuldung aufgenommen wurde, sollten sie herausgerechnet werden.

Abzug des Kindesunterhalts

Von dem anrechenbaren Einkommen ist auch der Unterhalt für die minderjährigen Kinder abzuziehen. In besonders gelagerten Fällen kann hier auch der Unterhalt für volljährige Kinder berücksichtigt werden.

Berechnung des Unterhalts der Ehefrau

Der Ausgangspunkt für die Berechnung des Unterhalts der Ehefrau ist das anrechenbare durchschnittliche Nettoeinkommen des Mannes abzüglich Unterhalt für die minderjährigen Kinder und abzüglich monatliche Abzahlungen auf familienbedingte Schulden. Dies nennt man das bereinigte Nettoeinkommen. Der Unterhaltsanspruch der Frau berechnet sich dann pauschal, wobei das eigene Einkommen der Frau berücksichtigt wird. Die nachstehend wiedergegebene Tabelle wird in der Bundesrepublik (in den alten und neuen Ländern) am häufigsten angewandt. Sie gibt eine Übersicht darüber, in welcher Höhe die Frau von ihrem Mann nach der Trennung und nach der Scheidung Unterhalt beanspruchen kann.

Nach der Berechnung des Unterhalts ist zu prüfen, ob Ihrem Mann der sog. «Selbstbehalt», d.h. mindestens DM 1300,– bis DM 1600,– bleibt (falls der Mann nicht erwerbstätig ist, mindestens DM 1150,–). Nur das, was er darüber hinaus an Einkommen hat, muß er für Ihren Unterhalt zahlen.

Von Ihnen wird erwartet, daß Sie aus dem Ihnen zur Verfügung stehenden Geld für die Zeit ab Einreichung des Scheidungsantrages Ihre eigenen Beiträge zur Fortführung Ihrer Altersversorgung zahlen (Stand 1.1.1994: monatlich mindestens DM 107,52 in der gesetzlichen Rentenversicherung) und für die Zeit ab Scheidung außerdem noch Ihre eigenen Beiträge zur Krankenversicherung (s. 7. Kapitel S. 122). Wenn Sie in der Trennungszeit als Einkommen nur Unterhalt von Ihrem Mann beziehen, können Sie unter Umständen zusätzlich einen Teil Ihrer Beiträge zur Altersversicherung, sogenannten *Vorsorgeunterhalt* (siehe 7. Kapitel, S. 124 verlangen. Dabei ist zu berücksichtigen, daß der Vorsorgeunterhalt meistens nur bei höherem Einkommen gezahlt werden und zweckgebunden für die Altersversicherung verwendet werden muß. Bitten Sie Ihre Anwältin, diese Beiträge gesondert für Sie zu prüfen und ggf. zu beantragen.

Wieviel Unterhalt bekommt die Frau?

1.	Wenn der Mann erwerbstätig ist	
a)	wenn die Frau kein Einkommen hat: 3/7 des bereinigten Nettoeinkommens	
b)	wenn die Frau ebenfalls Einkommen hat:	
aa)	Doppelverdienerehe: (Differenzmethode, siehe Seite 72)	3/7 des Differenzbetrages zwischen seinem und ihrem bereinigten Nettoeinkommen.
bb)	Alleinverdienerehe: (Anrechnungsmethode, siehe Seite 73)	Differenzbetrag zwischen Unterhaltsanspruch 1. a) und dem bereinigten Einkommen der Frau.
c)	wenn die Frau erwerbstätig ist, obwohl sie es nicht zu sein braucht:	3/7 des Unterschiedsbetrages zwischen seinem und ihrem bereinigten Nettoeinkommen. Ob und in welcher Höhe das Einkommen der Frau zu berücksichtigen ist, hängt von den Umständen des Einzelfalles ab. In manchen Fällen wird ihr Verdienst voll angerechnet, in manchen Fällen gar nicht, in manchen teilweise.
2.	wenn der Mann endgültig nicht mehr erwerbstätig ist (z. B. Rentner oder Pensionär):	wie zu 1. a, b oder c, jedoch ½ (statt 3/7)

3. Wann zahlt das Sozialamt den Unterhalt für mich und die Kinder?

Das Sozialamt muß einspringen, wenn Sie keine andere Möglichkeit haben, den Lebensunterhalt für sich (und Ihre Kinder) zu beschaffen. Das ist nichts Ungewöhnliches, weil häufig das Geld, mit dem die ganze Familie gerade noch auskam, für zwei getrennte Haushalte nicht ausreicht. Mindestens ein Drittel der getrennt lebenden oder geschiedenen Frauen mit Kindern leben ganz oder teilweise von Sozialhilfe, z. B. weil der Mann ein zu niedriges Einkommen hat, nicht zahlen kann oder nicht zahlen will. Solange Ihr jüngstes Kind noch nicht drei Jahre alt ist, muß das Sozialamt respektieren, daß Sie sich für die Versorgung Ihrer Kinder entschieden haben, und kann Sie nicht zur Arbeit zwingen. Aber auch wenn Sie keine Arbeit finden oder zu niedrige Leistungen vom Arbeitsamt bzw. eine zu geringe Rente bekommen, muß das Sozialamt für Sie zahlen.

Beim Sozialamt sind Sie nicht Bittstellerin, sondern Sie machen von Ihrem gesetzlich garantierten Recht Gebrauch. Trotzdem tut mancher Sachbearbeiter so, als verteile er Almosen, und das auch noch aus eigener Tasche. Lassen Sie sich in keinem Fall unter Druck setzen.

Wenn damit zu rechnen ist, daß Sie möglicherweise länger Sozialhilfe beziehen werden, ist es besonders wichtig, daß Sie gut informiert sind. Es gibt mehrere Broschüren, die die Rechte von Sozialhilfeempfängern im einzelnen und gut verständlich darstellen. Machen Sie sich die Mühe, und beschaffen Sie sich eine dieser Broschüren. Für viele Städte gibt es örtlich spezielle Broschüren.

Sie sollten möglichst eine andere Frau zum Sozialamt mitnehmen, die Ihnen den Rücken stärkt, eine Freundin, eine Nachbarin oder eine Frau aus der Frauengruppe.

Es ist sinnvoll, die notwendigen Unterlagen gleich mitzubringen:
- Personalausweis,
- Geburtsurkunde der Kinder,
- letzte Einkommensbescheinigung des Mannes,
- ggf. Ihre eigene Einkommensbescheinigung,
- Mietvertrag,
- Belege über Nebenkosten (Heizung, Strom, Gas).

Kritisch kann die Situation werden, wenn Ihr Mann wohl zahlen könnte, sich aber weigert.

In diesem Fall müssen Sie belegen, daß Sie Ihren Mann zur Unterhaltszahlung aufgefordert haben. Dies kann am besten durch Vorlage von Kopien Ihres Aufforderungsschreibens oder eines anwaltlichen Briefes geschehen. Achten Sie darauf, daß gleich bei Ihrem ersten Besuch der Sachbearbeiter Ihren Antrag auf Sozialhilfe mit Datum aufnimmt. Wenn Sozialhilfe bewilligt wird, dann immer erst ab Datum der Antragstellung.

Verlangt wird allerdings, daß Sie von sich aus alles unternehmen, um zu Geld zu kommen, also auch den Mann verklagen, der nicht freiwillig zahlt. Bis diese Schritte Erfolg haben, haben Sie das Recht auf Sozialhilfe. Das Sozialamt wird versuchen, sich das Geld von Ihrem Mann zurückzuholen. Sie brauchen aber keine Angst zu haben, daß der Mann wegen der Rückforderungen des Sozialamts kein Geld mehr für Ihren laufenden Unterhalt hat, Ihr laufender Unterhalt hat Vorrang vor den Forderungen des Sozialamts.

Sozialhilfe muß bei dem Sozialamt beantragt werden, in dessen Bezirk Sie beim Einwohnermeldeamt eingetragen sind. Wenn Sie die eheliche Wohnung verlassen haben, müssen Sie sich also zuerst ummelden.

In manchen Fällen, insbesondere wenn Sie Kinder haben, kann Ihnen auch die Familienfürsorgerin behilflich sein. Diese beschäftigt sich meist etwas eingehender mit Ihrer Lage und läßt sich deshalb vielleicht eher von der Dringlichkeit Ihrer Sache überzeugen. Gelder vergeben kann die Fürsorgerin selbstverständlich nicht, aber den einen oder anderen guten Tip kann sie geben. Schließlich kann die Familienfürsorgerin Sie auch über nichtstaatliche Stellen informieren, die manchmal schneller helfen als das Sozialamt (z. B. bei der Beschaffung von Möbeln oder auch Kleidung).

Welche Ansprüche habe ich?

Das Sozialamt zahlt nicht denselben Betrag, den Sie von Ihrem Mann an Unterhalt verlangen können, sondern den Sozialhilfesatz. Dieser ist in den einzelnen Bundesländern unterschiedlich. Der wichtigste Teil der Sozialhilfe ist die «Hilfe zum Lebensunterhalt», das sind die laufenden Kosten der Lebensführung. Daneben gibt es noch «einmalige Hilfen» sowie «Hilfe in besonderen Lebenslagen».

Hilfe zum Lebensunterhalt

Die Hilfe zum Lebensunterhalt besteht aus dem Regelsatz und den tatsächlichen Kosten der Wohnung einschließlich der Heizkosten. Zusätzlich gibt es für bestimmte Personenkreise den sogenannten «Mehrbedarf», etwa für kinderreiche Familien.

Der Regelsatz ist der festgelegte Geldbetrag (Sozialhilfesatz), mit dem Sie alle laufenden Lebenshaltungskosten decken müssen, außer Heizkosten, die mit den Wohnkosten extra bezahlt werden.

Der Sozialhilfesatz wird in den einzelnen Bundesländern durch Verordnung in regelmäßigen Abständen neu festgesetzt. Er gibt die Sätze an für Sie als Haushaltsvorstand oder als alleinstehende Person, die Kinder unterteilt in Altersgruppen und andere im Haushalt lebende Erwachsene ab 21 Jahren. Für Kinder bis zu 12 Jahren müssen Leistungen nach dem Unterhaltsvorschußgesetz beantragt werden. Diese Leistungen werden höchstens 6 Jahre gewährt. Danach tritt wieder die Sozialhilfe ein. Das staatliche Kindergeld, das Sie bekommen, wird von den Regelsätzen der Kinder aber wieder voll abgezogen.

Die Regelsätze sind niedrig. Beachten Sie, daß Sie für größere Anschaffungen oder größere Reparaturen gesondert Geld beantragen können, nämlich sogenannte «einmalige Beihilfen». Da es hierfür keine Richtlinien gibt, sollten Sie in jedem Fall einen Antrag stellen.

Auch wenn Sie erwerbstätig sind, aber nicht viel verdienen (Teilzeit, Ausbildung), können Sie zusätzlich Sozialhilfe beantragen. Bei der Berechnung Ihres Anspruchs müssen Ihre berufsbedingten Kosten (z. B. Fahrgeld, Berufskleidung) berücksichtigt werden.

Die Kosten der Wohnung bestehen aus Miete und den Mietnebenkosten einschließlich der Heizkosten. Zu den Heizkosten gehört auch der Heizstrom etwa bei Nachtspeicherheizung. Die anderen Kosten, wie Strom und Gas zum Kochen, müssen vom Regelsatz gezahlt werden. Möglicherweise findet das Sozialamt die Wohnung, die Sie haben, zu groß oder zu teuer. Dann kann unter Umständen von Ihnen verlangt werden, daß Sie in eine kleinere bzw. billigere Wohnung umziehen. Aber keine Angst, bis sich eine andere Wohnung gefunden hat, muß die volle tatsächliche Miete weitergezahlt werden. Bevor das Sozialamt für die Miete einspringt, müssen Sie Wohngeld beantragt haben (s. S. 39).

Einmalige Beihilfe

Weitere Leistungen des Sozialamts, sogenannte «einmalige Beihilfen», werden für besondere Anschaffungen, größere Reparaturen, überhaupt für alle größeren Aufwendungen zusätzlich zur laufenden Hilfe zum Lebensunterhalt gewährt. Beispiele für Sonderausgaben:

- Umzugskosten;
- Renovierungskosten;
- Möbel, z. B. auch eine Waschmaschine, wenn Sie mehrere Kinder haben;
- Wohnungsausstattung (Gardinen, Teppiche, Küchengeschirr);
- Mietrückstände (oft nur, wenn deren Übernahme zur Erhaltung einer Wohnung für kleine Kinder notwendig ist);
- Rückstände von Strom- und Gaskosten, sofern kleine Kinder zu versorgen sind;
- Kleidung (normalerweise zweimal im Jahr, bei Kindern im Wachstum teilweise öfter);
- Weihnachtsbeihilfe.

In jedem Fall müssen Sie vorher einen Antrag mit Angabe der geschätzten Kosten beim Sozialamt stellen. Meist verlangt das Sozialamt zwei Kostenvoranschläge, die Sie bei verschiedenen Firmen einholen müssen. Da es häufiger vorkommt, daß die Sachbearbeiter des Sozialamts Ihnen die Notwendigkeit der besonderen Ausgaben auszureden versuchen, ist es wichtig, daß Sie den Antrag auf diese besonderen Leistungen schriftlich stellen und die Notwendigkeit dieser besonderen Ausgaben gerade zu diesem Zeitpunkt immer begründen (z. B. neue Kinderkleidung, weil das Kind aus den Sachen herausgewachsen ist; Wintermantel für Sie, weil Sie nur einen Sommermantel haben; ein neues Möbelstück, weil das alte kaputtgegangen ist).

Wenn das Sozialamt trotzdem diese besonderen Ausgaben nicht

übernehmen will, verlangen Sie auf jeden Fall einen schriftlichen Ablehnungsbescheid. Nur dann können Sie gegen eine ungerechtfertigte Ablehnung wirksam vorgehen, indem Sie gegen diese Entscheidung einen schriftlichen Widerspruch einlegen. Dieser Widerspruch muß unbedingt innerhalb eines Monats nach der Ablehnung beim Sozialamt vorliegen. Ihr Widerspruchsschreiben können Sie so formulieren:

Traute Stark
Am Burggraben 13
10557 Berlin

An das
Sozialamt   Berlin, den...

Betr.: Bescheid vom...
        Aktenzeichen...

Hiermit lege ich gegen den obengenannten Bescheid, der mir am... mit der Post zugegangen ist, Widerspruch ein.
    Eine Begründung werde ich nachreichen.

Traute Stark

Hinweis:
Eine Begründung des Widerspruchs muß irgendwann folgen; dazu werden Sie auch von der Behörde aufgefordert. Falls Sie Schwierigkeiten mit der Begründung haben, sollten Sie eine Beratung in Anspruch nehmen.

Wenn das Sozialamt die Anschaffung zu den geschätzten Kosten bewilligt, gibt es Ihnen entweder das Geld dafür oder einen Bewilligungsschein. Aufgrund dieses Bewilligungsscheines erkennt man im Laden bzw. beim Handwerker, daß Sie Sozialhilfeempfängerin sind. Es gibt aber keine andere Möglichkeit, Ihr Recht auf diese wichtige Hilfe wahrzunehmen, auch wenn Ihnen das unangenehm ist.

Schneller und einfacher sind Möbel und Kleidung häufig von den privaten Wohlfahrtsverbänden zu bekommen (z. B. Deutsches Rotes Kreuz, Caritas, Diakonisches Werk, Arbeiterwohlfahrt). Da dies von Ort zu Ort verschieden ist, geben wir hier keine Anschriften oder sonstige Einzelheiten an.

Rundfunk- und Fernsehgebühren, Telefonkosten

Wer laufend Hilfe zum Lebensunterhalt bekommt, braucht keine Rundfunk- und Fernsehgebühren zu bezahlen. Bei besonderer Betreuungsbedürftigkeit werden auch die Kosten für den Telefonanschluß und die Grundgebühr vom Sozialamt übernommen. Sie müssen für beides einen zusätzlichen Antrag stellen.

Hilfe in besonderen Lebenslagen

Darüber hinaus können Sie noch sogenannte «Hilfe in besonderen Lebenslagen» beantragen.

Diese können Sie auch dann beanspruchen, wenn Sie keine Sozialhilfe bekommen, aber wenig verdienen.

Beispiele:
- Kosten für die Krankenversicherung, wenn Sie nicht anderweitig versichert sind;
- zusätzliche Kosten für die Betreuung eines kranken oder behinderten Kindes;
- Kosten für besondere Ernährung (Diät);
- Kosten für Verhütungsmittel;
- Zuschuß für Urlaubsreisen;
- Kosten für Kinderverschickung;
- Kosten für Erholungsaufenthalte der Mutter;
- Kosten für gemeinsame Familienerholung.

Hier besteht ein wichtiger Unterschied zur Hilfe zum Lebensunterhalt. Bei der Prüfung dieser Ansprüche geht das Sozialamt nur von Ihrem

Einkommen und dem der Kinder aus. Das Einkommen Ihres Mannes oder anderer Unterhaltsverpflichteter wird nicht berücksichtigt. Das Sozialamt kann sich diese Beträge auch nicht von diesen Personen zurückholen.

Wir möchten noch einmal betonen, daß jede Frau Anspruch auf staatliche Hilfe hat, wenn sie versucht, sich auf eigene Füße zu stellen.

5. KAPITEL

Steuern

1. Wann muß / kann ich meine Steuerklasse ändern lassen?

Wenn Sie von Ihrem Ehemann «dauernd getrennt» leben, hat dies steuerliche Konsequenzen, nämlich die Änderung der Steuerklasse. «Dauernd getrennt» leben heißt, daß die Hausgemeinschaft auf Dauer und nicht nur vorübergehend aufgelöst ist, weil die Scheidung beabsichtigt ist. Das Getrenntleben muß dem Finanzamt mitgeteilt werden. Wenn Sie das nicht tun, weil Sie die bisherigen Steuerklassen für vorteilhafter halten, kann es passieren, daß das Finanzamt nachträglich höhere Steuern fordert, wenn es später von dem Getrenntleben erfährt.

Die bisherige Steuerklasse können Sie und Ihr Ehemann beibehalten, bis das Kalenderjahr, in dem Sie sich getrennt haben, vorbei ist. Die geänderte Steuerklasse können Sie bei Ihrem Einwohneramt ohne Zustimmung Ihres Mannes auf Ihrer Lohnsteuerkarte eintragen lassen. Wenn Sie in der Ehe eine ungünstige Steuerklasse, insbesondere Steuerklasse V, gehabt haben, können Sie diese im Jahr der Trennung nur mit Zustimmung Ihres Ehemannes ändern lassen, denn er wird dadurch automatisch in eine Steuerklasse mit höherer Steuerbelastung eingestuft. Es ist nicht zulässig, die Steuerklassenänderung hinauszuschieben, bis die Ehe geschieden ist.

2. Welche ist die richtige Steuerklasse?

Die Steuerklasse ist für die Höhe der Lohnsteuer wichtig. Lohnsteuer müssen alle zahlen, die in einem Arbeitsverhältnis stehen.

Es gibt sechs Steuerklassen:

Steuerklasse I	Für Arbeitnehmerinnen, die ledig sind, dauernd getrennt leben oder geschieden sind.
Steuerklasse II	Gleicher Personenkreis wie Steuerklasse I; aber die Kinder werden berücksichtigt. In diese Steuerklasse ist ein Haushaltsfreibetrag für Alleinerziehende eingearbeitet, der die Steuerlast erheblich mindern kann.
Steuerklasse III	Für verheiratete Arbeitnehmerinnen, die dem Splittingtarif unterliegen. Wird in der Regel für den besser verdienenden Ehegatten gewählt (der Steuerabzug ist relativ niedrig), wenn der andere keine oder nur eine Teilzeitbeschäftigung ausübt, die dann nach Steuerklasse V versteuert wird.
Steuerklasse IV	Beide Ehegatten erzielen etwa gleich hohe Einkünfte aus nichtselbständiger Tätigkeit und leben nicht getrennt.
Steuerklasse V	Wie bei Steuerklasse III, jedoch muß ein Ehegatte nach Steuerklasse III eingestuft sein. Der Steuerabzug ist bei Steuerklasse V relativ hoch.
Steuerklasse VI	Für Arbeitnehmerinnen, die gleichzeitig bei mehreren Arbeitgebern beschäftigt sind.

Bei dauerndem Getrenntleben fallen die Steuerklassen III, IV und V weg, es kommen also nur noch die Steuerklassen I, II oder VI in Betracht. Ob Sie Steuerklasse I oder II haben, hängt entscheidend von der Frage ab, wem die Kinder zuzuordnen sind.

3. Wem sind die Kinder zuzuordnen?

Kinder bringen steuerliche Vorteile. Wer sie auf der Lohnsteuerkarte hat, spart Steuern. Zum Zwecke der Steuerklasseneinteilung werden Kinder nur einem Elternteil zugeordnet, und zwar grundsätzlich dem, bei dem sie gemeldet sind.

Auch wenn Kinder bei beiden Elternteilen gemeldet sind, werden sie für die Steuerklasseneinteilung nur einem Elternteil zugeordnet. Leben Sie getrennt, kommt es für die Steuerklasse darauf an, bei wem die Kinder am Anfang des Kalenderjahres gemeldet waren.

Beispiele:
Sie leben von Ihrem Ehemann dauernd getrennt. Ihre Tochter ist bis Januar in der Wohnung des Vaters gemeldet. Nun wird Ihnen das Sorgerecht für Ihre Tochter zugesprochen. Ihre Tochter zieht zu Ihnen und wird nun auch bei Ihnen gemeldet. Da Ihre Tochter zu Beginn des Jahres beim Vater in der Wohnung gemeldet war, wird ihm das Kind zugeordnet, und er erhält für das ganze Jahr Steuerklasse II. Auf Ihrer Lohnsteuerkarte wird Steuerklasse I eingetragen.

Sie sind geschieden, die Kinder leben bei Ihnen und sind auch bei Ihnen gemeldet. In diesem Fall werden die Kinder Ihnen zugeordnet, auf Ihrer Lohnsteuerkarte wird deshalb Steuerklasse II eingetragen. Der Vater erhält Steuerklasse I, auch wenn er die Unterhaltskosten für die Kinder trägt.

4. Kinderfreibeträge

Wenn Sie und Ihr Ehemann zusammen veranlagt werden, steht Ihnen auch im Jahr der Trennung ein gemeinsamer Kinderfreibetrag zu. Bei getrennter Veranlagung erhält jeder nur einen Kinderfreibetrag in Höhe der Hälfte. Im Jahr nach der Trennung erhält dann jeder Ehegatte grundsätzlich für gemeinsame Kinder den halben Kinderfreibetrag.

Der Kinderfreibetrag kann wieder in voller Höhe geltend gemacht werden, wenn ein Ehegatte «seinen» Anteil auf den anderen Ehegatten überträgt oder wenn nachgewiesen wird, daß der andere Ehegatte keinen oder nur zu einem Teil Kindesunterhalt gezahlt hat. Wegen einiger Besonderheiten fragen Sie bei Ihrer Anwältin nach.

Wenn Sie der Übertragung des Kinderfreibetrages zustimmen, müssen Sie sich das genau überlegen, weil die Geltendmachung bestimmter Freibeträge zur Voraussetzung hat, daß der Steuerpflichtige einen Kinderfreibetrag erhält, z. B. Haushaltsfreibetrag, Unterhaltsfreibetrag, Ausbildungsfreibetrag, außergewöhnliche Belastungen, Freibetrag für Körperbehinderte.

5. Wie wirkt sich die Änderung der Steuerklasse aus?

Ein Wechsel von z. B. Steuerklasse II in Steuerklasse I kann unter Umständen teuer werden, weil ein höherer Steuerabzug erfolgt. Lassen Sie sich aber von dem Argument Ihres Mannes nicht beeindrucken, er stünde jetzt wesentlich schlechter da und das wirke sich auch nachteilig auf die Höhe Ihres Unterhaltsanspruches aus. Das ist so nicht richtig. Zum Beispiel durch Eintragung eines Freibetrages oder seiner Unterhaltsverpflichtungen auf der Lohnsteuerkarte Ihres Mannes ermäßigt sich die Lohnsteuer, die der Arbeitgeber von dem Arbeitslohn Ihres Mannes einbehalten muß. Folge davon ist, daß das Nettoeinkommen Ihres Mannes steigt (vgl. auch Ziffer 9 dieses Kapitels). Über die verschiedenen Möglichkeiten sollten Sie sich bei Ihrer Anwältin erkundigen.

6. Zusammenveranlagung oder getrennte Veranlagung?

Ehegatten können grundsätzlich zwischen einer Zusammenveranlagung und einer getrennten Veranlagung wählen.

Soweit *Zusammenveranlagung* gewählt wird, werden Ihre Einkünfte und die Einkünfte Ihres Mannes zusammengerechnet und nach dem Splittingtarif versteuert, d. h. die Steuer wird von der Hälfte des zu versteuernden Einkommens nach der Grundtabelle berechnet und dann verdoppelt. Wegen der Progressionsabmilderung durch den Splittingtarif ist die Zusammenveranlagung für beide Ehegatten meist günstiger als die getrennte Veranlagung. Das muß aber nicht so sein, fragen Sie im Zweifel Ihre Steuerberaterin oder Anwältin.

Wenn Sie allerdings dauernd getrennt leben, entfällt die Möglichkeit der Zusammenveranlagung. Sie können aber noch die Zusammenveranlagung für das Jahr wählen, in dem Sie sich auf Dauer getrennt haben, auch wenn die Trennung am 2. Januar erfolgt ist.

Ein Ehepartner kann aber nicht allein entscheiden, ob er getrennt oder zusammen veranlagt wird, denn Nachteile dürfen für den anderen Partner aus dieser Wahl nicht entstehen (vgl. auch Ziffer 8 dieses Kapitels).

Bei *getrennter Veranlagung* macht jeder Ehegatte eine eigene Steuererklärung. Der Gesamtbetrag der Einkünfte, das Einkommen und das zu versteuernde Einkommen wird für jeden Ehegatten getrennt ermittelt. Die Versteuerung erfolgt nach der Einkommensteuer-Grundtabelle. Wegen der Besonderheiten beraten Sie sich am besten mit Ihrer Anwältin oder Steuerberaterin.

7. Wer bekommt die Steuererstattung? Wer muß die Steuernachzahlung aufbringen?

Ein alter Streitpunkt ist die Frage, wie die aufgrund der Zusammenveranlagung zur Einkommensteuer sich ergebende Erstattung oder Nachzahlung zwischen den Eheleuten aufzuteilen ist. Auch die Frage, ob die durch eine Zusammenveranlagung bedingte Steuermehrbelastung zu ersetzen ist, führt meist zu Streit (vgl. hierzu Ziffer 8 dieses Kapitels).

Verdient nur Ihr Ehemann und hat er auch allein die Steuern gezahlt, so steht ihm auch die Steuererstattung allein zu. Indirekt bekommen Sie aber doch etwas ab, denn bei der Unterhaltsberechnung ist dieser Geldzufluß im Rahmen der Feststellung des Einkommens Ihres Ehemannes mit zu berücksichtigen.

Wenn Sie beide Einkommen erzielen, steht Ihnen zumindest der Erstattungsbeitrag zu, den Sie bekommen hätten, wenn Sie sich getrennt hätten veranlagen lassen.

Es ist zu empfehlen, daß Sie sich über eine Verteilung einigen, bevor Sie die gemeinsame Steuererklärung unterschreiben, und zwar am besten schriftlich. Das erspart Ihnen umständliche Rechnereien und unliebsame Überraschungen.

Sie können z. B. folgendes Schreiben gemeinsam an das Finanzamt richten:

Traute Stark   Hans Stark
Am Burggraben 13   Am Markt 7
10557 Berlin   20337 Hamburg

An das
Finanzamt
20099 Hamburg   Berlin, den...

Betreff: Steuernummer

Wir bitten, eine eventuelle Rückzahlung an Einkommen- und Kirchensteuern für das Jahr 19.. zu überweisen

zu 50 % auf das Konto   zu 50 % auf das Konto
Traute Stark   Hans Stark
Konto-Nr.   Konto-Nr.
bei der xy-Bank   bei der xy-Bank

Außerdem senden Sie bitte jedem von uns ein Exemplar des Steuerbescheides.

Unterschrift   Unterschrift
Traute Stark   Hans Stark

Wenn Sie sich nicht einigen können, schreiben Sie allein an das Finanzamt, daß der gesamte Steuererstattungsbetrag an Sie überwiesen werden soll. Das Finanzamt ist befugt, nach seiner Wahl an den einen oder anderen Ehegatten auszuzahlen, gleich, wem ein Erstattungsanspruch zusteht. Den Steuerausgleich müssen Sie dann intern mit Ihrem Ehemann durchführen. Sie können dabei z. B. so vorgehen, daß Sie intern eine «getrennte» Veranlagung durchführen.

Wenn Sie sich mit Ihrem Mann nicht einig werden, müssen Sie notfalls gerichtliche Hilfe in Anspruch nehmen. Das Familiengericht ist hierfür nicht zuständig. Sie müssen sich an das Amtsgericht wenden, das im Bezirk Ihres Finanzamtes liegt.

Kommt es zu einer Steuernachforderung, haften Sie dafür zusammen mit Ihrem Ehemann. Das heißt, wenn Ihr Mann nicht bezahlt, müssen Sie zahlen. Dem gehen Sie am besten aus dem Wege, indem Sie beim Finanzamt beantragen, daß die Steuerschuld zwischen Ihnen und Ihrem Mann so aufgeteilt wird, daß jeder nur für den seinem Einkommen entsprechenden Teil der Steuerschuld aufzukommen hat.

Sie können folgenden Brief an das Finanzamt schreiben:

Traute Stark
Am Burggraben 13
10557 Berlin

An das
Finanzamt
20099 Hamburg   Berlin, den …

Betreff: Steuernummer …
         Gemeinsamer Einkommensteuer- und Kirchensteuerbe-
         scheid Traute und Hans Stark für das Jahr 19..

Hiermit beantrage ich, die Ehefrau, die rückständige Einkom-
men- und Kirchensteuer zwischen mir und meinem Ehemann so
aufzuteilen, wie es sich bei getrennter Veranlagung ergeben hätte
(analog § 270 AO).

Mit freundlichen Grüßen
Traute Stark

---

8. Kann mein Mann verlangen, daß ich eine gemeinsame Steuererklärung unterschreibe?

Ihr Mann kann von Ihnen verlangen, daß Sie einer Zusammenveranlagung zur Einkommensteuer zustimmen, wenn sie zur geringsten Steuerbelastung beider Ehegatten führt und weder Ihrem Mann noch Ihnen
im Vergleich zu einer getrennten Veranlagung steuerliche Nachteile erwachsen. Das folgt aus dem Wesen der Ehe, so die Gerichte, und gilt
auch nach der Scheidung als Nachwirkung der Ehe im Rahmen der
steuerrechtlich zulässigen Möglichkeiten. Die Verletzung dieser Verpflichtung berechtigt den anderen Ehegatten zur Geltendmachung von
Schadensersatzansprüchen.

9. Was ist begrenztes Realsplitting?

Wenn Sie dauernd getrennt leben oder geschieden sind und Ihr Mann Ihnen Unterhalt zu zahlen hat, so kann er diese Unterhaltszahlungen bis zum Höchstbetrag von derzeit jährlich DM 27 000,- als Sonderausgaben von seinem zu versteuernden Einkommen abziehen. Voraussetzung hierfür ist u. a., daß Sie zustimmen. Für den Antrag und die Zustimmung gibt es ein Formblatt, die sogenannte Anlage U, die Sie vom Finanzamt erhalten und die von Ihnen und Ihrem Mann unterschrieben werden muß. Antrag und Zustimmung gelten nur für ein Kalenderjahr und können nicht zurückgenommen werden.

Wichtige Folge für Sie: Sie müssen die Unterhaltsleistungen versteuern, das heißt, Ihr zu versteuerndes Einkommen erhöht sich um den Betrag, der Ihnen als Unterhalt zugeflossen ist. Da Ihnen dadurch höhere Steuerlasten oder andere Nachteile entstehen können, sollten Sie Ihre Zustimmung deshalb davon abhängig machen, daß Ihr Mann sich schriftlich verpflichtet (siehe Musterbrief), die Ihnen entstehenden Nachteile auszugleichen.

Ich verpflichte mich, meine Frau von den Steuerlasten, sonstigen Nachteilen und Steuerberechnungskosten freizuhalten, die durch das Realsplitting entstehen. Ferner verpflichte ich mich, erforderliche Steuervorauszahlungen auf erstes Anfordern direkt an das Finanzamt zu zahlen. Ich verpflichte mich weiter, einen entsprechenden Freibetrag in Höhe des von mir gezahlten Unterhalts auf meiner Lohnsteuerkarte eintragen zu lassen.

Hans Stark   Hamburg, den...

Im Gegenzuge sind Sie natürlich nun verpflichtet, die Anlage U zu unterschreiben. Wichtig für Sie ist die Eintragung des gezahlten Unterhalts auf der Lohnsteuerkarte Ihres Mannes (vgl. hierzu Ziffer 5 dieses Kapitels). Durch das höhere Nettoeinkommen Ihres Mannes ergibt sich für Sie unter Umständen ein höherer Unterhaltsanspruch. Einen direkten Anspruch auf Beteiligung an der Steuerersparnis Ihres Mannes durch das begrenzte Realsplitting haben Sie derzeit nicht. Deshalb ist der Weg über die Eintragung auf der Lohnsteuerkarte für Sie die effektivste Art, an dem höheren Nettoeinkommen Ihres Mannes teilzuhaben.

Ist Ihr Mann selbständig, muß berücksichtigt werden, daß in der Regel die Einkommensteuererklärung um Jahre später abgegeben wird. Dadurch wird die steuerliche Belastung also erst Jahre später kalkulierbar. Im Prinzip gilt: steuerliche Belastungen werden zu dem Zeitpunkt beim Einkommen berücksichtigt, zu dem sie anfallen. Wenn also Ihr Mann 1993 für 1990 Steuern nachzahlen muß, kann er diesen Betrag in der Regel bei der Unterhaltsberechnung für das Jahr 1993 von seinem Einkommen 1993 absetzen (vgl. 4. Kapitel, S. 76).

6. KAPITEL

Ich will mich scheiden lassen

Den Scheidungsantrag können Sie nur mit Hilfe einer Anwältin einreichen. Rechtsanwältinnen können zur Zeit in Scheidungsverfahren nur in den Gerichtsbezirken tätig werden, in denen sie örtlich zugelassen sind. Das Familiengericht, bei dem der Scheidungsantrag eingereicht werden muß, kann man sich nicht aussuchen. Das Gericht Ihres Wohnortes ist z. B. dann zuständig, wenn Sie mit den minderjährigen Kindern zusammenleben. Besprechen Sie als erstes mit der Anwältin Ihrer Wahl, ob sie das Scheidungsverfahren für Sie durchführen kann. Ist dies nicht der Fall, so kann sie Ihnen in der Regel eine Kollegin empfehlen, die Sie vor dem örtlich zuständigen Familiengericht vertritt. Ihre Anwältin kann Sie daneben weiter beraten und das Vorgehen mit der am Gerichtsort zugelassenen Kollegin abstimmen. Dadurch entstehen Ihnen allerdings höhere Kosten.

Wie das Scheidungsverfahren abläuft, hängt in erster Linie davon ab, ob Ihr Mann mit einer Scheidung einverstanden ist oder ob er sich dagegen wehrt.

1. Mein Mann ist mit der Scheidung einverstanden

Der Scheidungsantrag kann bei Gericht eingereicht werden, wenn Sie und Ihr Mann schon ein Jahr getrennt gelebt haben und beide geschieden werden wollen. – Getrennt leben kann man übrigens auch innerhalb der Ehewohnung (siehe oben 1. Kapitel, S. 14).

Das Gericht muß zusammen mit der Scheidung über die elterliche Sorge und den Versorgungsausgleich entscheiden. Es holt eine Stel-

lungnahme des Amtes für soziale Dienste (= Jugendamt, Familienfürsorge) dazu ein, welche Regelung dem Wohl der Kinder am besten entspricht. Um den Versorgungsausgleich berechnen zu können, muß das
Gericht Auskünfte der Versorgungsträger für beide Ehegatten einholen. Beide Stellungnahmen erhält das Gericht erst nach mehreren Monaten – und auch erst, nachdem beide Ehegatten daran in der jeweils
notwendigen Weise mitgewirkt haben. Deshalb kann das Scheidungsverfahren bis zu einem Jahr und sogar länger dauern. Berücksichtigen
Sie die Verfahrenslänge bei Ihren Überlegungen.

Spätestens wenn das Scheidungsverfahren so weit vorangekommen
ist, daß die Richterin die Scheidung aussprechen kann, dürfen keine
wichtigen Fragen zwischen den Eheleuten mehr offen sein. Sprechen
Sie deshalb mit Ihrem Mann über Scheidungsfolgen:

• die elterliche Sorge für die Kinder;
• das Umgangsrecht mit den Kindern (= Besuchsrecht);
• den Unterhalt für die Kinder;
• den Unterhalt für die Frau/den Mann;
• die Verteilung des Hausrats;
• die Zuteilung der bisherigen Ehewohnung.

Darüber hinaus können Sie selbstverständlich weitere Punkte regeln,
wie z. B. die Tilgung vorhandener Schulden, den Zugewinnausgleich,
die Kosten des Scheidungsverfahrens.

Möglicherweise gibt es über viele dieser Punkte zwischen Ihnen und
Ihrem Mann keinen Streit. Um so besser. Vielleicht ist ein Ehegatte
schon in eine eigene Wohnung gezogen. Sie haben den Hausrat selbst
untereinander verteilt. Sie sind sich darüber einig, bei wem die Kinder
bleiben sollen und wann die Kinder den anderen Elternteil besuchen.

Daß die Eheleute die Unterhaltszahlungen auf Dauer selbst miteinander regeln können, ist dagegen eher die Ausnahme. Hier werden Sie
Ihre Rechtsanwältin meist bitten müssen, einen Vorschlag zur Unterhaltsberechnung auszuarbeiten. Wenn Ihr Mann meint, das Einkommen müsse anders verteilt werden, wird er seinerseits einen Rechtsanwalt zu Rate ziehen.

Während das Scheidungsverfahren bei Gericht läuft, wird die Regelung der Scheidungsfolgen nach und nach erarbeitet. Für die Scheidung
werden die Fragen, über die es Meinungsverschiedenheiten gegeben

hatte, in einen Vertrag gefaßt, der Scheidungsfolgenvereinbarung heißt. Einige Familiengerichte verlangen diese Vereinbarung bereits mit dem Antrag auf Ehescheidung, bei den meisten reicht es, wenn man sie zum Scheidungstermin mitbringt.

Diese Scheidungsfolgenvereinbarung braucht eine bestimmte Form. Sie kann beim Gericht im Termin zur mündlichen Verhandlung über die Scheidung protokolliert werden. Dabei müssen beide Eheleute anwaltlich vertreten sein. Sie kann aber auch von einem Notar beurkundet werden und dem Gericht als notarielle Urkunde eingereicht werden. Darüber hinaus gibt es in Hamburg die Möglichkeit, die Vereinbarung vor einer öffentlichen Vergleichsstelle beurkunden zu lassen. Dieses Verfahren kann erhebliche Kosten sparen (siehe dazu unten, S. 14).

Wenn Sie in notarieller Form oder in einer Vereinbarung vor der öffentlichen Vergleichsstelle über die Scheidungsfolgen Einigkeit mit Ihrem Mann erzielt haben, ist Ihr Scheidungsverfahren einfach. Ihre Rechtsanwältin reicht den Scheidungsantrag beim zuständigen Familiengericht ein und legt die Scheidungsfolgenvereinbarung vor. Ihr Mann stimmt dem Verfahren zu und muß dafür nicht einmal selbst anwaltlich vertreten sein.

2. Mein Mann will nicht geschieden werden

Vorab: Ihr Scheidungswunsch wird sich letztlich durchsetzen, ob Ihr Mann will oder nicht.

Haben Sie ein Jahr lang getrennt gelebt und dann die Scheidung eingereicht, kommt es nicht darauf an, ob Ihr Mann der Scheidung ausdrücklich zustimmt.

Bei vielen Familiengerichten werden Sie damit rechnen können, daß die Richterin Ihrem Mann Fragen stellt, etwa der folgenden Art:
- Ihre Frau hat sich schon vor einem Jahr von Ihnen getrennt; sind Sie denn überzeugt, daß Ihre Frau die eheliche Lebensgemeinschaft mit Ihnen wieder aufnehmen wird?
- Woher nehmen Sie diese Überzeugung?
- Zu einer Ehe gehören zwei; wollen Sie die Ehe allein weiterführen?

Das gesetzlich vorgeschriebene Trennungsjahr hat seinen guten Sinn, weil Ihr Mann sich in dieser Zeit innerlich nach und nach darauf einstellen konnte, daß die Ehe zu Ende geht. Nach außen möchte Ihr Mann das bisher vielleicht noch nicht wahrhaben. Die Fragen der Richterin werden aller Erfahrung nach schließlich dazu führen, daß Ihr Mann sich in der Scheidungsverhandlung zu der Formulierung durchringt, er wisse, daß er sich gegen Ihren ernsthaften Scheidungswunsch nicht wehren kann. Das wird der Familienrichterin in aller Regel für ihren Scheidungsausspruch genügen. So sind jedenfalls unsere anwaltlichen Beobachtungen in Hamburg und Norddeutschland.

Bei Widerspruch Ihres Mannes kann es sein, daß die Richterin Wert auf eine dreijährige Trennung legt. Allerdings muß Ihr Mann dann in Einzelheiten und überzeugend darlegen, warum er die Ehe noch nicht als zerrüttet ansieht und glaubt, daß Sie zu ihm zurückkommen. Nach drei Jahren Trennungszeit wird die Ehe dann geschieden.

Im Gesetz sind noch ganz außergewöhnliche Umstände erwähnt, in denen keine Scheidung erfolgen soll, obwohl die Ehe schon seit fünf oder mehr Jahren eindeutig gescheitert ist und die Eheleute auch nicht mehr zusammenleben. Das sind aber so krasse und seltene Ausnahmen, daß wir darauf hier nicht eingehen.

Mit dem Einreichen der Scheidung müssen Sie nicht ein Jahr warten, wenn Ihr Mann sich so verhält, daß man es nicht anders nennen kann als eine unzumutbare Härte.

Solche Gründe können sein:

- Ihr Mann bringt seine Freundin mit in die Ehewohnung.
- Sie werden von Ihrem Mann geschlagen, bedroht oder sehr heftig beschimpft.
- Ihr Mann läßt Sie und die Kinder unter seinem Alkoholismus leiden und unternimmt nichts dagegen (bzw. unter seiner Tabletten- oder Drogenabhängigkeit, seiner Spielsucht).
- Ihr Mann macht heimlich große Schulden.
- Ihr Mann ist vermögend, löst aber plötzlich seine Konten auf und schafft sein Vermögen beiseite.

Wenn er dieses Verhalten abstreitet, müssen Sie Ihre Vorwürfe beweisen können.

Auch bei der streitigen Scheidung muß das Gericht den Versorgungsausgleich vornehmen und entscheiden, zu wem die Kinder kommen. Die anderen Scheidungsfolgen regelt das Gericht nur, wenn entsprechende Anträge gestellt werden. Wenn Sie also Unterhalt für sich und die Kinder beanspruchen (s. 3. Kapitel, S. 63 ff), wenn Sie die Wohnung übernehmen möchten (s. 2. Kapitel, S. 33), wenn Sie Ihre Hausratsgegenstände haben wollen (s. 8. Kapitel, S. 125) oder wenn es häufig Streit über das Umgangsrecht (s. 3. Kapitel, S. 54 ff) gibt, bitten Sie Ihre Rechtsanwältin, die entsprechenden Anträge für Sie zu stellen.

Im Gesetz ist ausdrücklich bestimmt, daß die Familienrichterin die Scheidung nur aussprechen soll, wenn gleichzeitig alle Scheidungsfolgen geregelt werden. Der gesetzestechnische Ausdruck dafür ist «Scheidung im Verbund». Die Entscheidung im Verbund ist gewöhnlich in Ihrem Interesse, auch aus Kostengründen. Versuchen Ihres Ehemannes, den Verbund auflösen zu lassen und den Scheidungsausspruch vorzuziehen, sollten Sie widersprechen.

3. Was kostet die Scheidung?

Die Kosten einer Scheidung setzen sich aus Gerichtskosten und Anwaltsgebühren zusammen. Beide sind in Gebührenordnungen festgelegt. Die Höhe richtet sich nach sogenannten Streitwerten. Streitwert und Gebühren sind nicht dasselbe. Streitwert des Scheidungsverfahrens ist das dreifache gemeinsame monatliche Nettoeinkommen der Eheleute, mindestens jedoch DM 4000,–. Alle Scheidungsfolgesachen, über die das Gericht entscheiden muß, haben zusätzlich einen eigenen Streitwert. Der Streitwert für eine Unterhaltsregelung ist z. B. der Jahresunterhaltsbetrag. Muß das Gericht über die Ehewohnung entscheiden, so ist der Streitwert eine Jahreskaltmiete.

Alle Streitwerte setzt der Richter erst fest, nachdem er das Scheidungsurteil gesprochen hat. Deshalb wird Ihre Rechtsanwältin Ihnen auch zu Beginn nicht genau sagen können, was Ihre Scheidung kostet. Denn z. B. weiß man am Anfang nicht, welche streitigen Anträge an das Gericht notwendig werden.

Bei der Kostenberechnung werden die Streitwerte der Scheidung und Scheidungsfolgesachen zusammengerechnet. Es gilt also die Regel: je mehr Folgesachen vom Gericht zu entscheiden sind, desto höher ist der Gesamtstreitwert, und desto höher sind auch die anfallenden Kosten. Regelmäßig werden die Gesamtkosten des Scheidungsverfahrens zwischen den Eheleuten aufgeteilt. Jeder trägt die Gerichtskosten zur Hälfte und die Kosten seiner Anwältin ganz.

Die billigste Scheidung

Wenn sich Frau und Mann über die Scheidung und sämtliche Scheidungsfolgen einig sind, besteht die Möglichkeit, daß beispielsweise nur die Frau eine Rechtsanwältin mit der Einreichung des Scheidungsantrags beauftragt. Der Mann braucht in diesem Fall keine anwaltliche Vertretung. Es muß jedoch ein Vergleich über die Scheidungsfolgen abgeschlossen worden sein, der *vollstreckbar* ist. Die Juristen nennen dies einen Titel. Eine solche Scheidungsfolgenvereinbarung kann in dreierlei Weise abgeschlossen werden:

• Vergleich vor einer öffentlichen Vergleichsstelle;
• Vergleich vor dem Notar;
• Vergleich im Verfahren über Prozeßkostenhilfe.

Im Rahmen eines Prozeßkostenhilfeprüfungsverfahrens kann das Gericht auf Antrag eine mündliche Gerichtsverhandlung anberaumen. In dieser Verhandlung können die Eheleute den Vergleich, den sie über die Scheidungsfolgen schließen wollen, protokollieren lassen; dabei braucht, wie gesagt, nur ein Ehegatte anwaltlich vertreten zu sein.

Bei allen drei Formen des Scheidungsfolgenvergleichs ist es wichtig zu vereinbaren, daß die Eheleute sich die Kosten des Scheidungsverfahrens, einschließlich der durch die Beauftragung einer Rechtsanwältin entstandenen Kosten, teilen. Enthält der Scheidungsfolgenvergleich keine Regelung über die Kosten des Scheidungsverfahrens, so muß der Ehepartner die Rechtsanwältin bezahlen, der sie beauftragt hat.

Die hier aufgezeigte Möglichkeit, ein Scheidungsverfahren mit einseitig anwaltlicher Vertretung durchzuführen, mag aus Kostengründen verlockend sein. Sie birgt jedoch auch große Gefahren. Aus Unwissenheit und Angst läßt sich manche Frau auf einen Vergleich ein, der sie stark benachteiligt und vor dem sie durch eine eigene Anwältin bewahrt worden wäre. Abgesichert sind Sie nur, wenn Sie selbst eine Anwältin Ihres Vertrauens aufsuchen und beauftragen.

Kostenbeispiele

Wir geben zwei Rechenbeispiele für Scheidungskosten. In beiden Fällen verdient der Ehemann DM 4000,- netto monatlich, die Ehefrau DM 520,-. Sie haben ein Kind.

Streitwerte:	Ehescheidung	DM 13560,–
	elterliche Sorge	DM 1500,–
	Versorgungsausgleich	DM 1000,–
	insgesamt	DM 16060,–

Erstes Beispiel:
«Die billigste Scheidung»

Gerichtskosten:	3 Gebühren, zusammen ca.	DM 930,–
	d. h. pro Ehegatte	DM 465,–
Anwaltskosten,	da nur ein Anwalt 3 Gebühren, zusammen ca. DM 2215,– zuzüglich gesetzlich MWSt, z. Z. 15 %	DM 2548,–

Die Scheidungskosten sind nur deshalb so niedrig, weil die Eheleute sich über *alles* miteinander einigten, ohne dafür anwaltlichen Rat zu brauchen. Sie ließen ihre Scheidungsfolgenvereinbarung bei der Öffentlichen Vergleichsstelle beurkunden (deren geringe Kosten noch hinzukamen).

Zweites Beispiel:
Scheidung mit zwei Rechtsanwälten, die mit den Eheleuten die Scheidungsfolgenvereinbarung erarbeiteten. Anträge an das Gericht in Folgesachen waren dafür *nicht* erforderlich.

Streitwerte:	Ehescheidung, elterliche Sorge und Versorgungsausgleich wie im ersten Beispiel, insgesamt	DM 16060,–
	für die anwaltliche Bearbeitung kamen folgende Gegenstandswerte	

hinzu: Unterhalt für das eine Kind
monatlich DM 450,–, Jahresbetrag   DM   5 400,–

nachehelicher Unterhalt für die
Frau, monatlich DM 1250,–,
Jahresbetrag   DM 15 000,–

Verbleib der Ehewohnung,
Monatsmiete DM 600,–,
Jahresbetrag   DM   7 200,–

Umgangsrecht des Ehemannes mit
dem Kind   DM   1 000,–

für die
Scheidungsfolgenvereinbarung also
weitere Gegenstandswerte von
zusammen   DM 28 600,–

Gerichtskosten, wie beim ersten
Beispiel, pro Ehegatte   DM   465,–

Anwaltskosten: Jeder Ehegatte hat
an seinen Rechtsanwalt zu zahlen
für die
Scheidungsfolgenvereinbarung   DM   1 462,–

und für die anwaltliche Vertretung
im Verfahren, wie im ersten Beispiel   DM   2 215,–

zuzüglich 15 % MWSt   DM   551,55

Hier hat jeder Ehegatte also für die
Scheidung zu zahlen   DM   4 963,55

Diese Eheleute haben ihre Scheidung deshalb ohne Prozeßkostenhilfe
durchgeführt, weil sie Ersparnisse haben, die sie übrigens genauso wie
den Hausrat vorher ohne anwaltliche Hilfe untereinander aufgeteilt
hatten.

4. Prozeßkostenhilfe und Beratungshilfe

Prozeßkostenhilfe

Viele können die hohen Kosten einer Scheidung nicht aufbringen. Deshalb gibt es Prozeßkostenhilfe (früher Armenrecht). Prozeßkostenhilfe bedeutet, daß die Staatskasse die Kosten des Scheidungsverfahrens ganz oder zum Teil übernimmt oder jedenfalls vorstreckt. Wenn Sie kein oder nur ein geringes Einkommen haben, brauchen Sie keine Kosten zu zahlen. Ansonsten müssen Sie an die Staatskasse Raten zahlen. Dies gilt nur für das gerichtliche Verfahren. Die außergerichtliche Beratung ist gesondert geregelt.

Der Antrag auf Prozeßkostenhilfe wird von Ihrer Anwältin zusammen mit dem Scheidungsantrag beim Familiengericht eingereicht. Sie müssen ein Formular ausfüllen und darin Ihre monatlichen Einkünfte und Ihr Vermögen angeben. Wichtig ist dabei, auch die monatlichen Belastungen aufzuführen – wie z. B. Fahrkosten zur Arbeit, Gewerkschaftsbeitrag, Schuldentilgung, Versicherungsprämien, Kindergartenbeiträge, Ihre Kaltmiete oder Unterhaltsleistungen – und die entsprechenden Belege beizufügen.

Wenn Sie mehr als DM 2000,– Vermögen haben, müssen Sie die Prozeßkosten ganz oder zum Teil selbst tragen. Sie müssen höchstens 48 Monatsraten zahlen. Wenn sich Ihre Einkommensverhältnisse verschlechtern, können Sie noch nachträglich die Herabsetzung oder sogar die Aufhebung der Ratenzahlung beantragen. Fallen bei Ihnen jedoch später Belastungen weg oder erhöht sich Ihr Einkommen, so kann das Gericht innerhalb von vier Jahren nach Abschluß des Prozesses nachträglich Raten festsetzen oder die festgesetzten Raten erhöhen.

Verdient Ihr Mann gut und haben Sie selbst keine oder nur geringe Einkünfte, so muß Ihr Mann Ihnen einen Prozeßkostenvorschuß zahlen. Sie erhalten dann keine Prozeßkostenhilfe.

Ob Sie Raten zahlen müssen, entscheidet das Gericht nach Ihren persönlichen und wirtschaftlichen Verhältnissen. Zur Zeit richtet sich das Gericht dabei noch nach der Prozeßkostenhilfe-Tabelle (s. S. 108).

Diese Tabelle ist seit 1980 nicht verändert worden. Daß die Freibeträge wegen der gestiegenen Lebenshaltungskosten überholt sind, wurde inzwischen erkannt. Eine neue gesetzliche Regelung wird vorbereitet.

| Nettoeinkommen auf volle Deutsche Mark abgerundet | | | | | | Monatsrate |
| bei Unterhaltsleistungen auf Grund gesetzlicher Unterhaltspflicht | | | | | | |
0	1	2	3	4	5 Personen	Deutsche Mark
bis 850	1300	1575	1850	2125	2400	0
900	1350	1625	1900	2175	2450	40
1000	1450	1725	2000	2275	2550	60
1100	1550	1825	2100	2375	2650	90
1200	1650	1925	2200	2475	2750	120
1300	1750	2025	2300	2575	2850	150
1400	1850	2125	2400	2675	2950	180
1500	1950	2225	2500	2775	3050	210
1600	2050	2325	2600	2875	3150	240
1800	2250	2525	2800	3075	3350	300
2000	2450	2725	3000	3275	3550	370
2200	2650	2925	3200	3475	3750	440
2400	2850	3125	3400	3675	3950	520

Beratungshilfe

Prozeßkostenhilfe erhalten Sie nur, wenn ein gerichtliches Verfahren eingeleitet wird. Wollen Sie sich vorher von einer Anwältin beraten lassen, so müssen Sie ein Honorar bezahlen. Haben Sie geringes Einkommen, so können Sie Beratungshilfe in Anspruch nehmen. Sie erhalten auf Antrag ein entsprechendes Zeugnis des Amtsgerichts, aus dem hervorgeht, daß Sie nicht in der Lage sind, die Anwaltskosten selbst zu zahlen. Auch wenn Ihnen die Beratungshilfe aus der Staatskasse bewilligt worden ist, ist das Gespräch für Sie bei der Anwältin nicht völllig kostenlos. Einen Eigenanteil von DM 20,– müssen Sie leisten.

In Hamburg und Bremen können Sie für eine anwaltliche Beratung keine Beratungshilfe beantragen. Die Rechtsberatung wird hier von öffentlichen Beratungsstellen durchgeführt. Zuständig für die Rechtsberatung in Hamburg sind die öffentlichen Rechtsauskunfts- und Vergleichsstellen, in Bremen die Arbeiterkammer, auch hier müssen Sie einen geringen Selbstkostenanteil tragen.

5. Wie bereite ich die Scheidung vor?

Ein Scheidungsverfahren kann sehr belastend sein. Wenn Sie Hilfe benötigen, können Sie sich an Frauenberatungsgruppen wenden. Dort werden möglicherweise auch Erfahrungen über die Praxis der Familiengerichte vermittelt. Außerdem können Sie dort erfahren, welche Anwältinnen sich in Ihrem Bezirk besonders für Frauen eingesetzt haben.

Für das Beratungsgespräch bei Ihrer Anwältin können folgende Unterlagen wichtig sein: die Heiratsurkunde, Verdienstbescheinigungen von Ihnen und Ihrem Mann, Mietvertrag für die Wohnung, eine Aufstellung über Ihre monatlichen Belastungen wie z. B. Strom, Heizung, Versicherungen, Fahrgeld und Darlehen, auch Belastungen, die ein gemeinsames Haus betreffen, Rentenunterlagen, Sozialversicherungshefte oder Versicherungskarten, Policen von Lebensversicherungen.

Ratsam ist es, sich selbst auch eine Zusammenstellung der Schulden (z. B. Bankkredite) und des Vermögens (z. B. Sparbriefe und Wertpapiere) zu machen.

Sie müssen auch wissen, wieviel Ihr Mann verdient, wenn Sie einen Unterhaltsanspruch durchsetzen wollen. Außerdem benötigt Ihre Anwältin diese Angaben, um zu prüfen, ob Sie einen Antrag auf Prozeßkostenvorschuß gegen Ihren Mann stellen können. Ehemänner weigern sich aber häufig für längere Zeit mitzuteilen, welche Einkünfte sie haben. Fotokopieren Sie daher seine Lohnbescheinigungen der letzten Monate.

6. Was kann das Gericht vorläufig regeln, wenn ich mich mit meinem Mann nicht einigen kann?

Während der Trennungszeit und auch während des Scheidungsverfahrens gibt es zwischen den Eheleuten manchmal Streit über wichtige Fragen, die eine dringende Regelung erfordern. Das Gericht kann über folgende Streitpunkte eine schnelle vorläufige Entscheidung treffen:
• die elterliche Sorge;
• das Umgangsrecht des Elternteils, bei dem die Kinder nicht leben;

- die Herausgabe des Kindes an den Elternteil, der das Sorgerecht hat;
- Unterhalt für die Kinder;
- Unterhalt für die Frau;
- Benutzung der Ehewohnung und des Hausrats;
- Herausgabe bestimmter Sachen, die das Kind oder ein Ehegatte dringend zum persönlichen Gebrauch benötigt;
- Belästigungsverbot.

Solche vorläufigen Regelungen heißen einstweilige Anordnungen oder einstweilige Verfügungen. Die Anträge dazu können Sie auch selbst stellen. Bei der Geschäftsstelle des zuständigen Amtsgerichts erfahren Sie, welches Gericht für den Antrag zuständig ist. Die Geschäftsstellen sind verpflichtet, Ihnen Auskunft zu geben, Ihren Antrag aufzunehmen und Ihnen bei der Abfassung des Antrages zu helfen. Natürlich können Sie aber auch für dieses Verfahren Prozeßkostenhilfe und die Beiordnung einer Anwältin beantragen (s. S. 107).

Wenn es um das Sorgerecht geht, empfehlen wir, schon für das einstweilige Verfahren eine Anwältin einzuschalten, damit Ihre Interessen gewahrt werden, denn die vorläufig getroffene Sorgerechtsregelung wird bei der Scheidung häufig nicht mehr geändert.

Besteht die Gefahr, daß Ihr Mann die Kinder entführt, gehen Sie sofort zum nächsten Familiengericht. Beantragen Sie eine vorläufige Sorgerechtsregelung, mindestens aber eine Aufenthaltsbestimmungsregelung, und bleiben Sie so lange beim Familiengericht sitzen, bis Sie die Entscheidung in Händen haben. Ist Ihr Mann Ausländer und fürchten Sie, daß er die Kinder ins Ausland entführt, so können Sie bei Gericht auch beantragen, die Grenzbehörden anzuweisen, Ihrem Mann die Ausreise mit den Kindern zu verweigern.

Wenn Sie eine vorläufige Regelung über Ihre Unterhaltsansprüche haben wollen, so genügt es, daß Sie den Verdienst Ihres Mannes ungefähr angeben können.

7. Ehen mit Auslandberührung

Wenn Sie mit einem Ausländer verheiratet sind, können Sie sich in Deutschland scheiden lassen. Auch wenn Sie selbst und / oder Ihr Mann nicht die deutsche Staatsangehörigkeit haben, aber hier leben, sind deutsche Gerichte für die Scheidung zuständig.

Haben Sie beide dieselbe ausländische Staatsangehörigkeit und wohnen in Deutschland, können Sie im Zweifel wählen, ob Sie eine Scheidung hier oder in Ihrem Heimatland einreichen.

In allen großen Städten gibt es Beratungsstellen für Frauen, die mit Ausländern verheiratet sind, und für ausländische Frauen.

Darüber hinaus erteilt das Bundesverwaltungsamt, Informationsstelle für Auslandstätige und Auswanderer, Postfach 68 01 69, 50704 Köln, nähere Auskunft über fast alle ausländischen Scheidungsrechte.

Der Verband Interessengemeinschaft der mit Ausländern verheirateten Frauen, IAF, Kasseler Str. 1 a, 60486 Frankfurt/M., hilft insbesondere deutschen Frauen, die mit Ausländern verheiratet sind.

Der internationale Sozialdienst, Am Stockborn 5–7, 60439 Frankfurt/M., berät und hilft, wenn anläßlich einer Scheidung Schwierigkeiten mit Kindern, die evtl. im Ausland leben, entstehen.

Für Scheidungsverfahren mit Auslandberührung gelten einige rechtliche Besonderheiten, die wir nur kurz skizzieren wollen.

Wenn Sie und Ihr Mann verschiedene
Staatsangehörigkeit haben

Sind Sie z. B. Deutsche und Ihr Mann ist Türke, oder Sie sind Italienerin und Ihr Mann ist Spanier, leben Sie aber mit Ihrem Mann in Deutschland, gilt für Ihre Scheidung deutsches Recht, unabhängig davon, welche Staatsangehörigkeit Sie haben.

Lebt einer von Ihnen nicht in Deutschland, kommt es darauf an, wo Ihr letzter gemeinsamer Aufenthaltsort war. War dies in Deutschland, gilt deutsches Recht. War dies in dem Land, wo einer von Ihnen jetzt noch wohnt, gilt das ausländische Recht.

Das bedeutet, daß die deutsche Frau, die z. B. mit ihrem türkischen Mann zuletzt in der Türkei gelebt hat und jetzt in Deutschland wohnt, nach türkischem Recht geschieden wird, wenn der Mann noch in der Türkei wohnt. Die Iranerin, die mit ihrem deutschen Mann zuletzt in Jordanien gelebt hat, wird nach jordanischem Recht geschieden, wenn der Mann in Jordanien geblieben und sie nach Deutschland gegangen ist.

Die Scheidung kann in solchen Fällen in Deutschland eingereicht werden; nur muß das deutsche Gericht u. U. das ausländische Recht anwenden.

Wenn Sie beide die gleiche Staatsangehörigkeit haben

Sind Sie beide Ausländer mit der gleichen ausländischen Staatsangehörigkeit, gilt für die Scheidung Ihr Heimatrecht, z. B. Sie sind beide Türken, dann gilt türkisches Recht.

Die ausländischen Rechtssysteme haben viele Besonderheiten, unter anderem Trennungsverfahren als Voraussetzung für die Scheidung, manche kennen noch das sogenannte Schuldprinzip. Manchmal braucht man einen Schuldspruch als Voraussetzung für Unterhaltsansprüche. Oft sind Fristen für das Verlangen von Unterhalt zu beachten. Lassen Sie sich deshalb über Ihr Heimatrecht beraten.

Die Scheidungsfolgen im ausländischen Recht

Die Scheidungsfolgen – Unterhalt, Versorgungsausgleich, Zugewinn – richten sich in der Regel nach dem Recht, nach dem Sie geschieden werden. Im Zweifel hat die Frau nach ausländischem Recht weniger Unterhaltsansprüche als nach deutschem Recht.

Für den *Versorgungsausgleich* ist folgendes zu beachten: Bei Eheleuten mit gleicher ausländischer Staatsangehörigkeit (z. B. beide sind Türken) und bei Eheleuten mit verschiedener ausländischer Staatsangehörigkeit (z. B. Italienerin und Spanier) ist für die Durchführung des Versorgungsausgleichs ein besonderer Antrag bei Gericht erforderlich. Diesen sollten Sie immer stellen, wenn Ihr Mann in Deutschland rentenversicherungspflichtig arbeitet und während der Ehe mehr verdient hat als Sie.

Die Entscheidung über das *Sorgerecht* für die Kinder, die in Deutschland leben, richtet sich in der Regel nach deutschem Recht. Einige Länder haben miteinander allerdings spezielle Verträge – so z. B. Deutschland und Iran. Wenn Sie beide die iranische Staatsangehörigkeit haben, gilt aufgrund dieses Abkommens für das Sorgerecht iranisches Recht.

Haben Ihre Kinder eine ausländische Staatsangehörigkeit und leben schon längere Zeit im Ausland, entscheidet das deutsche Gericht mit der Scheidung nicht über das Sorgerecht, sondern überläßt dies dem Heimatrecht.

Der *Unterhalt* der Kinder, die hier leben, richtet sich immer nach deutschem Recht. Ebenso gilt für Ihren eigenen Unterhaltsanspruch bis zur Scheidung deutsches Recht, wenn Sie in Deutschland leben.

Eines sollten Sie noch beachten: Wenn Ihr Mann im Ausland lebt und Sie sich hier scheiden lassen wollen, ist dies sehr kompliziert, weil der Scheidungsantrag auf diplomatischem Weg zugestellt werden muß. Dies dauert außerordentlich lange. Es entstehen auch hohe Kosten, z. B. für Übersetzungen. Um dies zu vermeiden, ist es sinnvoll, wenn sich Ihr Mann in Deutschland ebenfalls eine Anwältin sucht. Er kann aber auch eine in Deutschland lebende Person bevollmächtigen, die Gerichtspost für ihn in Empfang zu nehmen.

Es ist ratsam, in diesen Fällen schon bei der Trennung anwaltliche Hilfe in Anspruch zu nehmen und evtl. Scheidungsfolgenverträge zu schließen.

7. KAPITEL

Wovon lebe ich nach der Scheidung?

Grundsätzlich müssen nach der Scheidung Mann und Frau für ihren Lebensunterhalt selbst sorgen. Nur wer dazu gar nicht oder unzureichend in der Lage ist, kann von dem anderen Unterhalt verlangen, soweit dieser dazu in der Lage ist.

Wir raten Ihnen, sich so früh wie möglich, am besten noch vor der Trennung, um eine Erwerbstätigkeit zu bemühen. Dadurch verbessern Sie Ihre beruflichen Chancen und Ihre finanzielle Lage, auch im Hinblick auf einen späteren Unterhaltsanspruch (siehe Seite 72). Außerdem kann es gerade in der schwierigen Zeit der Neuorientierung eine Hilfe sein, bei der außerhäuslichen Arbeit Bestätigung, Anregungen und neue menschliche Kontakte zu gewinnen.

Es wird Ihnen nicht immer gelingen, sofort einen Arbeitsplatz zu finden. Auf dem heutigen Arbeitsmarkt ist es gerade für Frauen schwer, beruflich wieder Fuß zu fassen. Der Wiedereinstieg wird immer schwieriger, je länger Sie aussetzen und je älter Sie sind.

1. Wann muß der Mann Unterhalt zahlen?

Unterhalt wegen Kinderbetreuung

Wenn Sie minderjährige Kinder aus der Ehe betreuen, haben Sie in aller Regel einen Anspruch auf Ehegattenunterhalt.

Wenn Sie ein Kind versorgen, das noch nicht 8 Jahre alt ist, wird von Ihnen *keine Berufstätigkeit* verlangt, weil der Schulunterricht noch sehr unregelmäßig ist.

Ist Ihr Kind 8 bis 15 Jahre alt, so wird erwartet, daß Sie eine *Teilzeitarbeit* aufnehmen. Bei zwei schulpflichtigen Kindern fordern die Gerichte von der Mutter meistens erst eine Teilzeittätigkeit, wenn das jüngste Kind 11 bis 12 Jahre alt geworden ist. Bei drei oder mehr schulpflichtigen Kindern entscheiden neben der Betreuungsbedürftigkeit des jüngsten Kindes auch die finanziellen Verhältnisse, ob eine Teilzeitarbeit zumutbar ist. So wird es Ihnen eher zuzumuten sein, Teilzeit zu arbeiten, wenn Ihr Mann nur wenig verdient und ihm die Finanzierung von zwei getrennten Haushalten nicht möglich ist. Es muß aber gewährleistet sein, daß die Kinder während Ihrer Arbeit beaufsichtigt sind.

Für die Frage, ob eine Beschäftigung zumutbar ist, spielt es aber auch eine Rolle, ob Sie in Ihrem erlernten Beruf eine Anstellung finden und ob es dort gegebenenfalls eine Halbtagsstellung gibt.

Ist das jüngste Kind 15 bis 16 Jahre alt, so wird verlangt, daß Sie sich um die Aufnahme einer *Vollzeittätigkeit* bemühen.

Bei Problemkindern gelten diese Altersgrenzen nicht verbindlich. Besonderheiten sind stets zu berücksichtigen. Wenn Sie ganz für Ihre Kinder da sein müssen (z. B. haben sich Störungen bei den Kindern

eingestellt, weil Sie durch Ihre Doppelaufgabe überbelastet sind), kann es angebracht sein, daß Sie Ihre Teilzeitarbeit aufgeben. Dann muß Ihr Mann wieder vollen Unterhalt zahlen.

Sind Sie wegen der Betreuung Ihrer Kinder nicht verpflichtet, überhaupt erwerbstätig zu sein, und arbeiten Sie dennoch, weil Ihr Mann Ihnen nicht den vollen Unterhalt zahlen kann, wird Ihr eigenes Einkommen nicht oder nicht in voller Höhe bei der Berechnung Ihres Unterhaltsanspruchs berücksichtigt.

Finden Sie keine Arbeit, obwohl eine Erwerbstätigkeit neben der Kinderbetreuung von Ihnen erwartet wird, müssen Sie Ihre Bemühungen um eine angemessene Arbeit durch Vorlage von Bewerbungsunterlagen, Telefonnotizen, eigene Stellengesuche o. a. nachweisen. Sie müssen sonst unter Umständen damit rechnen, daß Ihnen ein mögliches Einkommen bei der Berechnung des Ehegattenunterhalts so angerechnet wird, als hätten Sie es tatsächlich verdient.

Wenn Sie mit Ihrer Tätigkeit Ihren Lebensunterhalt nicht voll bestreiten können, so muß Ihr Mann Ihnen den Rest dazu bezahlen. Wie Ihr eigener Verdienst anzurechnen ist, den Sie neben der Kinderbetreuung erzielen, und wie hoch Ihr Anspruch auf Unterhalt gegenüber Ihrem Mann ist, können Sie anhand der von uns oben auf Seite 79 dargestellten Berechnungsmethode ermitteln.

Unterhalt wegen Arbeitslosigkeit

Wenn Sie zwar arbeitsfähig sind, aber nach der Scheidung keine geeignete Erwerbstätigkeit gefunden haben, können Sie von Ihrem Mann Unterhalt verlangen.

In Ihrem Unterhaltsprozeß müssen Sie aber nachweisen, daß Sie neben der Meldung beim Arbeitsamt auch viele eigene Anstrengungen unternommen haben, um Arbeit zu finden. Solche Nachweise sind:
• Ihre Bewerbungsschreiben;
• Ablehnungen, die Sie bekommen haben;
• Notizen über Ihre telefonischen Bewerbungen;
• eigene Zeitungsanzeigen.

Heben Sie diese Belege gut auf. Es wird von Ihnen erwartet, daß Sie sich ununterbrochen bewerben. Gelingt Ihnen der Nachweis nicht, so müssen Sie damit rechnen, daß Sie so behandelt werden, als erzielten Sie Arbeitseinkommen.

Da die ehelichen Lebensverhältnisse eine wesentliche Rolle spielen, brauchen Sie zunächst nur eine Arbeit aufzunehmen, die Ihrem Alter, Ihrer Ausbildung, Ihrer Berufserfahrung und Ihrer sozialen Stellung entspricht. Finden Sie trotz intensiver Suche längere Zeit keine Stellung in Ihrem erlernten Beruf, wird man Ihnen zumuten, sich umschulen zu lassen oder eine Tätigkeit aufzunehmen, die Ihrer Ausbildung nicht entspricht.

Wenn Sie keinen Beruf erlernt, aber während der Ehe öfter Aushilfsarbeiten verrichtet haben, wird nach der Scheidung die Aufnahme einer ungelernten Tätigkeit von Ihnen erwartet.

In Ausnahmefällen kann Ihr Mann bei der Scheidung beantragen, daß er nur eine gewisse Zeit Unterhalt wegen Ihrer Arbeitslosigkeit zahlt (siehe Seite 122).

Aufstockungsunterhalt

Wenn Sie arbeiten, Ihr Verdienst aber trotz aller Bemühungen nicht ausreicht, Ihren vollen Unterhaltsbedarf zu decken, muß Ihr besser verdienender Mann Ihnen die Differenz ausgleichen. Die Höhe Ihres Aufstockungsunterhalts richtet sich danach, ob Sie bei der Trennung schon gearbeitet haben oder erst später. Die Gerichte wenden im ersten Fall die Differenzmethode an und im zweiten die Anrechnungsmethode (siehe 4. Kapitel, S. 72 ff).

Ihr Anspruch auf Aufstockungsunterhalt entfällt, wenn Ihr Verdienst steigt und Sie Ihren Unterhaltsbedarf selbst decken können. Verlieren Sie Ihre Arbeit wieder, muß Ihr Mann unter Umständen den vollen Unterhalt zahlen.

Unterhalt aufgrund des Alters

Wenn Sie das 65. Lebensjahr vollendet haben, müssen Sie keine Berufstätigkeit mehr aufnehmen. Erfahrungsgemäß ist für Frauen ab 55 Jahre der Arbeitsmarkt für einen beruflichen Wiedereinstieg verschlossen. Von diesem Alter an kann im Regelfall eine Erwerbstätigkeit nicht mehr erwartet werden, wenn die Frau nie berufstätig war oder sie ihre

Berufsausübung lange unterbrochen hat. Bei Frauen, die immer berufstätig waren, verlangen Gerichte häufig, daß auch in diesem Alter die Arbeitssuche nachgewiesen wird. Sind Sie jünger als 55 Jahre, wird von Ihnen erwartet, daß Sie sich intensiv um die Aufnahme einer Erwerbstätigkeit bemühen.

Unterhalt wegen Krankheit

Wenn Sie wegen Krankheit oder Gebrechlichkeit nicht arbeitsfähig sind, müssen Sie das durch ein ärztliches Attest belegen können. Ist die Krankheit allerdings nach der Ehezeit entstanden, haben Sie keinen Unterhaltsanspruch. Kommt es zu einem Prozeß, kann das Familiengericht ein amtsärztliches Gutachten über Ihren Gesundheitszustand einholen. Vom Ergebnis dieses Sachverständigengutachtens hängt es ab, ob Sie sich um einen Arbeitsplatz hätten bemühen müssen.

Wenn der Gutachter meint, daß Sie aus gesundheitlichen Gründen gar nicht oder nur halbtags arbeiten können, muß Ihr Mann Ihren Unterhaltsbedarf vollständig decken oder Aufstockungsunterhalt zahlen.

Unter Umständen kommt auch eine Berufs- oder Erwerbsunfähigkeitsrente in Betracht. Dann sind Sie verpflichtet, einen solchen Rentenantrag zu stellen.

Unterhalt wegen Ausbildung

Haben Sie im Hinblick auf die Ehe in Ihrem beruflichen Fortkommen Nachteile auf sich genommen, so können Sie nach der Trennung oder Scheidung zum Ausgleich dafür Unterhalt für die Zeit einer Ausbildung, Fortbildung oder Umschulung beanspruchen.

Wenn Sie wegen der Ehe eine Schul- oder Berufsausbildung unterbrochen oder gar nicht erst angefangen haben, können Sie diese nachholen. Ihr Mann muß Ihnen während der Ausbildungszeit die Kosten für den Lebensunterhalt und für die Ausbildung zur Verfügung stellen. Wenn Sie allerdings Leistungen vom Arbeitsamt oder BAFöG erhalten, muß Ihr Mann nicht oder entsprechend weniger zahlen.

Bei Ihrer Berufswahl muß die Aussicht bestehen, daß Sie die Ausbildung auch erfolgreich abschließen und mit Ihrem neuen Beruf Ihren Lebensunterhalt verdienen können.

Wenn Sie in Ihrer Hausfrauenzeit den beruflichen Anschluß verloren haben, können Sie sich fortbilden oder umschulen lassen. Auch in dieser Zeit muß Ihr Mann für Ihren Unterhalt aufkommen.

Haben Sie keinen Beruf und vor oder während der Ehe eine ungelernte Tätigkeit ausgeübt, z. B. um Anschaffungen oder Urlaubsreisen zu finanzieren, können Sie unter Umständen einen Beruf erlernen. Voraussetzung ist aber auch hier, daß eine Ausbildung zu einem früheren Zeitpunkt wegen Ihrer Ehe unterblieben ist. Lassen Sie sich wegen der verschiedenen Aus- oder Weiterbildungsmöglichkeiten beim Arbeitsamt beraten.

Unterhalt in besonderen Härtefällen

Das Gesetz kennt noch einen Unterhaltsanspruch in besonderen Härtefällen. Diese sind so speziell und ergeben sich aus den persönlichen Lebensschicksalen der Eheleute, daß wir nur zwei Beispiele nennen möchten: ein Unterhaltsanspruch besteht z. B., wenn die Frau über lange Jahre die Kinder des Mannes aus früherer Ehe betreut oder seine Eltern gepflegt hat und deswegen nicht berufstätig sein konnte.

2. Wann muß mein Mann keinen Unterhalt zahlen?

Wenn Sie im Scheidungsfolgenvergleich auf Ihren Unterhalt verzichtet haben:
Vielen Frauen wird nahegelegt, auf Unterhalt ab Scheidung zu verzichten, wenn sie zum Zeitpunkt der Scheidung für ihren Unterhalt selbst aufkommen. Seien Sie vorsichtig mit einem Unterhaltsverzicht.

Verzichten Sie auf keinen Fall,
- wenn Sie neben Ihrer Arbeit kleine Kinder zu betreuen haben;
- wenn Ihre Gesundheit zum Zeitpunkt der Scheidung zwar schon angegriffen ist, Sie aber noch arbeiten;
- wenn Sie nach längerer Hausfrauentätigkeit wegen der Trennung oder Scheidung wieder eine Erwerbstätigkeit angefangen haben;
- wenn Sie damit rechnen müssen, arbeitslos zu werden, oder bereits arbeitslos sind und Ansprüche auf Arbeitslosenhilfe geltend machen (das Arbeitsamt wird dann den Unterhaltsbetrag, den Ihr Mann

an Sie zu zahlen hätte, von Ihrer Arbeitslosenhilfe anteilig abziehen);
- wenn Sie Sozialhilfe beziehen oder in absehbarer Zeit beziehen werden (das Sozialamt könnte behaupten, Sie hätten «mutwillig» auf Unterhaltsansprüche verzichtet, und Ihnen die Sozialhilfe streichen).

Wenn Ihre Ehe von kurzer Dauer war:
Von einer kurzen Ehe spricht man, wenn zwischen Heirat und der Zustellung des Scheidungsantrages etwa zwei Jahre liegen. Die Folge ist, daß die Frau nach einer solchen kurzen Ehe ab Rechtskraft der Scheidung keine Unterhaltszahlung mehr vom Mann beanspruchen kann. Auch hier gibt es Ausnahmefälle, besprechen Sie dies mit Ihrer Anwältin.

Wenn Sie allerdings gemeinsame Kinder betreuen, kommt es überhaupt nicht darauf an, wie lange Sie verheiratet waren. Während der Kinderbetreuung haben Sie Anspruch auf Unterhalt.

Wenn Ihr Mann zuwenig verdient:
Verbleiben dem Mann nach Abzug des Kindesunterhalts, je nach den Umständen des einzelnen Falles, nur ca. DM 1300,– bis DM 1600,– monatlich, so braucht er keinen Unterhalt für Sie zu zahlen.

Wenn Sie mit Ihrem Freund zusammenleben:
Oftmals will Ihr geschiedener Mann keinen Unterhalt mehr zahlen, wenn Sie mit einem anderen Mann in einem eheähnlichen Verhältnis zusammenleben. Dann müssen Sie dieselben Punkte bedenken, die wir bereits im Kapitel 4 dargestellt haben (siehe Seite 74).

Wenn Sie wieder heiraten:
Wenn Sie wieder heiraten, haben Sie gegen Ihren geschiedenen Mann keinen Unterhaltsanspruch.

Wird Ihre zweite Ehe auch geschieden, so müssen Sie von Ihrem zweiten Ehemann Unterhalt fordern, wenn Sie sich nicht selbst ernähren können. Unter Umständen muß nach der zweiten Scheidung Ihr erster Mann wieder Unterhalt für Sie zahlen, z. B. wenn Sie Kinder aus der ersten Ehe betreuen. Sind Sie in einer derartigen Situation, müssen Sie sich auf alle Fälle mit Ihrer Anwältin beraten.

3. Wann muß mein Mann weniger Unterhalt zahlen?

Wenn Ihr Mann eine neue Familie gründet:
Im Prinzip ändert eine neue Heirat des Mannes nichts am Unterhaltsanspruch der geschiedenen Frau. Hat er jetzt aber eigene minderjährige Kinder zu versorgen, kann Ihr Unterhaltsanspruch der Höhe nach reduziert werden.

Wenn Sie eigenes Vermögen haben:
In diesem Fall müssen Sie Ihr Vermögen grundsätzlich für Ihren Unterhalt verwenden, und zwar nicht nur die Erträge des Vermögens, z. B. Zinsen oder Mieteinkünfte, sondern auch das Vermögen selbst. Allerdings bleibt der Teil des Vermögens unberücksichtigt, der etwa dem Jahresbetrag Ihres Unterhaltsanspruchs entspricht, und das, was Sie für Notfälle zurücklegen müssen. Sie brauchen Ihr Vermögen nicht für Ihren Lebensunterhalt einzusetzen, wenn dies unwirtschaftlich wäre. So können Sie z. B. in der Regel nicht gezwungen werden, das von Ihnen bewohnte Haus oder die Eigentumswohnung zu verkaufen, um von dem Erlös zu leben. Allerdings wird dann berücksichtigt, daß Sie mietfrei wohnen. Dadurch kann sich Ihr Unterhaltsanspruch vermindern.

Hat Ihr Ehemann aber selbst Vermögen oder hohe Einkünfte, brauchen Sie unter Umständen Ihr Vermögen nicht anzugreifen.

Dies alles gilt auch, wenn Ihr Vermögen aus dem Zugewinn stammt.

Wenn Ihr Ehemann ein sehr viel höheres Einkommen hatte als Sie:
Wie bei der zeitlichen Begrenzung des Unterhalts ist eine Herabsetzung nur ausnahmsweise aus Billigkeitsgründen möglich. Gedacht ist dabei vorrangig an Fälle, in denen der Mann sehr gut verdient, die Frau wenig oder gar kein Einkommen hat und die Ehe nur wenige Jahre dauerte und kinderlos war. Hier soll die Frau nach der Vorstellung des Gesetzgebers nicht auf Dauer nach der Scheidung an dem Lebensstandard teilhaben, der von dem Einkommen des Mannes geprägt war.

Immer wenn Ihr Mann eine Reduzierung Ihres Unterhalts beantragt, lassen Sie sich unbedingt anwaltlich beraten.

4. Wann kann mein Mann den Unterhalt zeitlich begrenzen?

Grundsätzlich erlischt der Unterhaltsanspruch erst mit dem Tod der unterhaltsberechtigten geschiedenen Frau. Der Gesetzgeber hat diesen Grundsatz allerdings dahingehend eingeschränkt, daß Ihr Mann in besonderen Ausnahmefällen bei Gericht beantragen kann, Ihnen nur für eine bestimmte Zeit nach der Scheidung Unterhalt zahlen zu müssen. Das ist jedoch nur möglich, wenn eine unbegrenzte Unterhaltsverpflichtung für ihn unbillig wäre.

Waren Sie z. B. kinderlos und nicht lange verheiratet, wurden aber nach der Scheidung arbeitslos, können Sie nicht darauf vertrauen, daß Sie für die ganze Dauer der Arbeitslosigkeit Unterhalt von Ihrem Mann bekommen. Das wird damit begründet, daß die Arbeitslosigkeit dann keine «durch die Ehe bedingte» mehr sei, sondern allgemein auf der schlechten Wirtschaftslage beruhe. Das gleiche gilt, wenn Sie Aufstockungsunterhalt (siehe 4. Kapitel, S. 72) erhalten und keine gemeinsamen Kinder betreut haben.

Wenn Ihr Mann eine zeitliche Begrenzung der Unterhaltszahlung beantragt, lassen Sie sich auch hier unbedingt anwaltlich beraten.

5. Wie behalte ich meinen Krankenversicherungsschutz?

Zum Lebensbedarf gehören auch die Kosten für eine angemessene Krankenversicherung. Die Kosten hierfür sind nicht im laufenden Unterhalt enthalten. Sie müssen zusätzlich zu dem Unterhalt von Ihrem Mann übernommen werden.

Wenn Sie bisher bei Ihrem Mann gesetzlich krankenversichert waren, müssen Sie sich nach der Scheidung um einen eigenen Versicherungsschutz kümmern. Die Familienversicherung für die Frau endet nämlich mit der Scheidung. Wenn Sie bei der bisherigen Krankenkasse versichert bleiben wollen, müssen Sie innerhalb von *drei* Monaten ab Rechtskraft der Scheidung dies der Krankenkasse mitteilen. Dann *muß* die Krankenkasse Sie als Mitglied behalten. Ein solches Schreiben kann so aussehen:

Traute Stark
Am Burggraben 13
10557 Berlin

An die
AOK
...   Berlin, den...

Sehr geehrte Damen und Herren,

ich war bisher über meinen Mann, Hans Stark, krankenversichert.
Mein Mann ist am... geboren und hat die Mitgliedsnummer...
Seit dem... bin ich von ihm rechtskräftig geschieden. Ich erkläre
hiermit ausdrücklich, daß ich weiter bei Ihnen versichert bleiben
will.

Das Scheidungsurteil reiche ich Ihnen in Kopie nach.

Mit freundlichem Gruß
Traute Stark

Die Weiterversicherung in der gesetzlichen Krankenversicherung hat
Vorteile gegenüber der anderen Möglichkeit, in eine private Krankenkasse neu einzutreten: keine sogenannten Wartezeiten, keine Risikozu-
schläge und sozial angemessene Beiträge. Diese richten sich nach Ihrem
Einkommen.

Wenn Sie sich auf diese Weise weiterversichert haben, können die
Kinder auch bei Ihnen kostenlos mitversichert werden.

Waren Sie über Ihren Mann privat versichert, ist es ebenso wie in der
Trennungszeit (siehe Seite 71).

6. Altersversorgung, insbesondere Vorsorgeunterhalt

Bei der Scheidung wird der Versorgungsausgleich durchgeführt. Wenn Ihr Mann während der Ehe mehr verdient hat als Sie, erhalten Sie durch den Versorgungsausgleich eigene Rentenansprüche (siehe 9. Kapitel, S. 138 ff).

Mit dem Versorgungsausgleich werden nur Rentenanwartschaften bis zur Zustellung des Scheidungsantrages erfaßt. Für die Zeit danach sind Sie für Ihre Altersversorgung selbst verantwortlich.

Üben Sie nach der Scheidung keine versicherungspflichtige Erwerbstätigkeit aus, muß Ihr Mann, wenn er dazu in der Lage ist, Ihnen zusätzlich zum Unterhalt auch die Beiträge für eine angemessene Alters- und Berufs- bzw. Erwerbsunfähigkeitsversicherung zahlen. Diese Vorsorge kann durch Fortführung der gesetzlichen Rentenversicherung oder durch eine private Versicherung erfolgen.

Auch der Vorsorgeunterhalt ist ein Unterhaltsanspruch, der im laufenden Unterhalt nicht enthalten ist und daher zusätzlich zum Unterhalt gefordert werden muß. Die Höhe des Vorsorgeunterhalts wird mit Hilfe der sog. Bremer Tabelle errechnet. Wir verzichten auf den Abdruck, weil sich die Tabelle häufig ändert und die Berechnungen von einer Fachfrau durchgeführt werden sollten.

Wenn Ihr Mann mehr als den laufenden Unterhalt zahlen kann, bitten Sie Ihre Anwältin, zusammen mit dem Scheidungsantrag auch den Vorsorgeunterhalt für Sie geltend zu machen.

8. KAPITEL

Was bleibt noch auseinanderzurechnen?

1. Wie wird der Hausrat verteilt?

Sofern Sie sich noch nicht während der Trennungszeit über den gemeinsamen Hausrat mit Ihrem Mann geeinigt haben, müssen Sie dies spätestens bei der Scheidung tun.

Zum Hausrat gehören alle Sachen, die von der Familie benutzt werden. Hausrat sind z. B. Küchengegenstände, Wohnungseinrichtung, Wäsche, Kindersachen, Staubsauger, Waschmaschine, Radio, Fernseher, Videorecorder, Musikinstrumente, ebenso Bücher, Gartenmöbel und -geräte, Wohnwagen, Vorräte usw. Nicht zum Hausrat gehören:

- Gegenstände, die ausschließlich bzw. überwiegend von einem Ehepartner beruflich genutzt werden (z. B. der PKW oder das Klavier der Klavierlehrerin);
- die persönlichen Dinge der Eheleute wie Kleidung, Schmuck, Familienandenken;
- die Gegenstände, die jeder Ehegatte nach der Trennung für sich angeschafft hat.

Wer welche Hausratsgegenstände erhält, hängt zumeist von den Eigentumsverhältnissen ab. Auch in einer Ehe bleibt jeder Ehepartner Eigentümer der Gegenstände, die er in die Ehe mitgebracht hat, und kann diese bei der Hausratsteilung behalten. Dies gilt auch, wenn dieser Gegenstand während der Ehe ersetzt wird.

Hausratsgegenstände, die während Ihrer Ehe zur gemeinsamen Haushaltsführung angeschafft wurden, stehen in Ihrem gemeinsamen Eigentum, egal wer sie bezahlt hat. Dies gilt auch für Hochzeitsgeschenke. Wenn jedoch keiner von Ihnen beweisen kann, daß ihm be-

stimmte Gegenstände allein gehören, so gilt der in der Ehezeit ange-
schaffte Hausrat als gemeinschaftliches Eigentum.

Am besten ist es, wenn Sie mit Ihrem Mann gemeinsam überlegen,
wie sich die Aufteilung am sinnvollsten durchführen läßt.

Bewährt hat sich, daß Sie anhand einer Liste der Hausratsgegenstände gemeinsam mit Ihrem Ehemann die Verteilung vornehmen, indem hinter jeden Gegenstand der Name des Ehegatten gesetzt wird, der
den Gegenstand erhalten soll. Hierbei können Sie sich unabhängig von
den Eigentums- und Erwerbsverhältnissen einigen. Sie haben aber
beide keinen Anspruch darauf, einen Ausgleich in Geld zu bekommen,
wenn der Großteil des Hausrats nur bei einem von Ihnen bleiben soll
und die Verteilung nicht als gerecht empfunden wird. Sie können natürlich einen Ausgleichsbetrag vereinbaren, wenn Sie sich einig sind. Ein
Anspruch hierauf besteht aber nicht.

Wichtig ist, daß die Liste nach der Aufteilung der Hausratsgegenstände von Ihnen beiden mit dem Datum versehen und unterschrieben
wird. Dann kann hinterher nichts mehr geändert werden.

Wir können nur dringend raten, sich intern mit Ihrem Mann über die
Verteilung des Hausrats zu einigen. Die Verteilung des Hausrats über
das Gericht ist nämlich sehr aufwendig.

Gibt es jedoch keine Einigung, können Sie eine Entscheidung des
Familiengerichts beantragen. Sie müssen dann dem Gericht eine voll-
ständige Liste des gesamten Hausrats, also vom Schrank bis zum Eßge-
schirr, vorlegen mit Angabe des Anschaffungsjahrs, Anschaffungswer-
tes und Zeitwertes der jeweiligen Gegenstände. Anhand dieser Aufli-
stung und Angaben nimmt dann das Gericht die Aufteilung des Hausrats vor. Das Gericht soll den gemeinsamen Hausrat gerecht und
zweckmäßig verteilen, je nachdem, wer was braucht. Das Gericht muß
dabei die Umstände des Einzelfalles, insbesondere das Wohl der Kinder, berücksichtigen. Weshalb die Ehe zerrüttet ist, spielt bei der Tei-
lung des Hausrats keine Rolle.

Ausnahmsweise kann das Gericht auch Hausratsgegenstände, die im
Alleineigentum eines Ehegatten stehen, dem anderen zuweisen, wenn
dieser auf die Weiterbenutzung angewiesen ist und es dem Eigentümer
zugemutet werden kann, die Sachen dem anderen zu überlassen. Es
muß sich um Sachen handeln, die für das Leben des einen Ehegatten
unentbehrlich sind. Die Entscheidung des Gerichts könnte im Einzel-

fall z. B. so aussehen, daß die Ehefrau die Waschmaschine, die dem Mann gehört, bekommt, weil sie kleine Kinder zu versorgen hat.

Läßt sich der Hausrat wertmäßig nicht gleich aufteilen, so kann das Gericht bestimmen, daß derjenige, der weniger bekommt, einen finanziellen Ausgleich erhält.

2. Was ist der Zugewinnausgleich?

Bei der Scheidung ist es sinnvoll und wichtig, auch eine Regelung über Vermögen und Schulden zu treffen. Hierzu müssen Sie wissen, wie der Zugewinnausgleich im Falle der Scheidung durchgeführt wird.

Mit der Heirat begründen Sie den gesetzlichen Güterstand der «Zugewinngemeinschaft», wenn Sie nicht mit Ihrem Mann einen notariellen Ehevertrag mit Gütertrennung geschlossen haben. Auch die Zugewinngemeinschaft ist eine Form der Gütertrennung, anders als man bei der Bezeichnung glauben könnte. Jeder Ehepartner bleibt während der Ehe Eigentümer seines Vermögens und kann auch während der Ehe alleiniges Eigentum erwerben. Erst bei der Scheidung findet ein Ausgleich zwischen bestimmten Vermögensteilen der Ehepartner statt.

Da es während der ganzen Ehe getrenntes Vermögen gibt, muß für jeden Ehegatten gesondert ermittelt werden, ob bei ihm ein Zugewinn entstanden ist. Hierzu macht man bei den Ehegatten zwei «Momentaufnahmen»:

Zum einen wird aufgenommen, was jeder Ehegatte am Tag der Hochzeit an Vermögenswerten hatte. Die zweite Aufnahme wird am Tag der Beendigung des Güterstandes gemacht. Dieses ist der Tag, an dem der Scheidungsantrag dem anderen Ehegatten zugestellt wurde. Dieser Tag wird vom Familiengericht mitgeteilt. Auch zum Tag der Beendigung des Güterstandes wird für jeden Ehegatten aufgenommen, welche Vermögenswerte und Schulden bei ihm vorhanden waren.

Der Vermögensstand bei Heirat wird als *Anfangsvermögen* bezeichnet, der bei Beendigung *Endvermögen*. Zugewinn ist vorhanden, wenn das Endvermögen das Anfangsvermögen übersteigt. Wer den höheren Zugewinn hat, muß die Hälfte dieses «Mehr» nach der Scheidung an den anderen Ehegatten auszahlen. Dieses ist dann der Zugewinnausgleich.

Wie wird der Zugewinnausgleich errechnet?

Da Zugewinn nur besteht, wenn das Endvermögen höher ist als das Anfangsvermögen, ist es sehr wichtig, diese beiden Werte so genau wie möglich zu ermitteln.

Da der Zugewinn bei jedem Ehegatten getrennt ermittelt wird, muß hier sehr genau auch auf die Interessenlage geachtet werden: ein Ehegatte, der keinen oder nur einen geringen Ausgleich zahlen will, achtet darauf, ein hohes Anfangsvermögen aufzuzeigen und ein niedrigeres Endvermögen zu haben, weil dann kein Zugewinn entstanden ist und er nichts oder nur wenig auszugleichen braucht. Sie sollten deshalb Informationen und Fotokopien über das Vermögen Ihres Mannes sammeln, schon bevor es mit der Scheidung losgeht.

Waren Sie oder Ihr Mann zu Beginn der Ehe verschuldet, so zählt das Anfangsvermögen mit Null. Der Gesetzgeber wollte nicht, daß das Anfangsvermögen negativ ist. Hatte Ihr Mann z. B. zu Beginn der Ehe Schulden von DM 50000,– und hat er am Ende der Ehe als Endvermögen DM 10000,–, so beläuft sich sein Zugewinn auf DM 10000,–, obwohl ein Vermögenszuwachs von DM 60000,– erzielt wurde.

Die Berechnung des Anfangsvermögens beginnt erst ab Null. Dieses ist sicherlich in vielen Fällen ungerecht. Sie müssen sich immer wieder vorstellen, daß Zugewinn eine Rechengröße ist und keine Vermögensmasse.

Es spielt keine Rolle, was mit dem Vermögen während des Verlaufs der Ehe geschah. Entscheidend sind nur die Vermögensverhältnisse zu den hier genannten Daten.

Rechenbeispiel:

	Ehefrau	Ehemann
Anfangsvermögen:	DM 1000,–	DM 0,–
Endvermögen:		
• Ersparnisse	DM 3000,–	DM 10000,–
• Schulden		DM 5000,–
Zugewinn:	DM 2000,–	DM 5000,–

Der Zugewinn des Mannes übersteigt den Zugewinn der Frau um DM 3000,–. Die Frau hat also einen Zugewinnausgleichsanspruch von DM 1500,–.

Besonderheiten gelten allerdings für folgenden Vermögenserwerb während der Ehe:

- Schenkungen – Auch diese Vermögenssteigerungen werden grundsätzlich dem Anfangsvermögen zugerechnet.
- Erbschaft – Machen Sie während der Ehe eine Erbschaft oder erhalten Sie eine Schenkung als vorgezogenen Erbteil, so wird dieser Vermögenswert Ihrem Anfangsvermögen zugerechnet.
- Ausstattung – Wenn Sie von Ihren Eltern zur Hochzeit eine Aussteuer erhalten haben oder aber Geld, um eine Aussteuer zu erwerben, so werden diese Werte ebenfalls Ihrem Anfangsvermögen hinzugerechnet.

Da beim Zugewinnausgleich der Grundsatz herrscht, daß jeder Ehepartner zunächst einmal mit dem Vermögen wieder aus der Ehe gehen soll, mit dem er in die Ehe gegangen ist, und lediglich der Zuwachs während der Ehe ausgleichspflichtig sein soll, begünstigt die eben dargestellte Berechnungsmethode denjenigen, der erbt, Schenkungen erhält oder eine Ausstattung mitbringt. Das Anfangsvermögen braucht er nicht mit dem anderen Ehepartner zu teilen. Allerdings gibt es auch bei Erbschaften, Schenkungen und Ausstattungen Wertsteigerungen, wie bei jedem anderen Anfangsvermögen auch. Diese Wertsteigerungen während der Ehe sind wiederum Teil des Zugewinns.

Haben Sie Ihre Erbschaft oder einen Geldbetrag von Ihren Eltern dazu verwendet, um den Kauf des Familienheims zu finanzieren oder die Renovierung des allein Ihrem Mann gehörenden Hauses zu ermöglichen, möchten Sie sicherlich, daß diese Zahlungen beim Zugewinnausgleich berücksichtigt werden. Man spricht hier von *unbenannten Zuwendungen*. Unbenannt, weil bei Überlassung der Geldmittel nicht ausdrücklich gesagt wurde, daß die Zuwendung das Fortbestehen und Gelingen der Ehe zur Grundlage hatte. Wenn die Regelung nach den oben beschriebenen Methoden zu einem ungerechten Ergebnis führen würde, geht die Rechtsprechung hier neue Wege. Sie sollten mit Ihrer Anwältin klären, ob Sie Chancen haben, daß das Ihrem Mann aus Ihrem Vermögen Zugewendete Ihnen letztlich wieder zugute kommt.

Wie erhalte ich Auskunft über sein Vermögen?

Viele Frauen wissen nicht, welche Vermögenswerte ihr Mann hat. Viele Männer sind auch sehr geschickt darin, ihren Ehefrauen ihr wirkliches Vermögen zu verschleiern. Ihr Mann ist aber verpflichtet, Ihnen über seine Vermögenswerte zum Stichtag, das ist der Zeitpunkt der Zustellung des Scheidungsantrags, Auskunft zu geben. Sie müssen ihn auffordern, Ihnen eine genaue Aufstellung über sein Vermögen vorzulegen.

Die Auskunft muß für Sie auch nachprüfbar sein, d. h. Sie können von Ihrem Mann verlangen, daß er seine Angaben im einzelnen belegt. Verweigert Ihr Mann die Auskunft oder antwortet er auf Ihre Schreiben einfach nicht, so können Sie ihn auf Auskunft verklagen. Sie haben unter Umständen auch das Recht, von Ihrem Mann zu verlangen, daß er die Vollständigkeit und Richtigkeit seiner Auskunft eidesstattlich versichert.

Auch Sie müssen Ihrem Mann Auskunft über Ihr Vermögen geben, wenn er Sie dazu auffordert.

Ist der Zugewinnausgleich auch während der Ehe möglich?

In drei Fällen können Sie auch während einer bestehenden Ehe den Ausgleich des Zugewinns verlangen:
• Sie leben bereits 3 Jahre von Ihrem Mann getrennt;
• Sie bemerken, daß Ihr Mann versucht, Vermögenswerte beiseite zu schaffen;
• Ihr Mann weigert sich ohne ausreichenden Grund, Sie über den Bestand seines Vermögens zu informieren.

Wie ist es bei Gütertrennung?

Haben Sie bei der Eheschließung oder während der Ehe einen notariellen Vertrag über Gütertrennung geschlossen und besteht dieser bei Beendigung der Ehe noch immer, findet kein Zugewinnausgleich statt.

Schulden können aber dennoch entstanden sein, wenn Sie gemeinsam mit Ihrem Mann Zahlungsverpflichtungen eingegangen sind, indem Sie z. B. Kreditverträge mit unterschrieben oder Bürgschaftserklärungen für Ihren Mann abgegeben haben. In diesen Fällen nützt Ihnen die Gütertrennung überhaupt nichts, weil Sie durch Ihre Unterschrift gegenüber dem Geldgeber haften. Diese Haftung besteht auch nach Ihrer Scheidung weiter. Sie können lediglich versuchen, daß der Geldgeber eine Umschuldung vornimmt und Sie aus der Haftung entläßt. Ein Anspruch hierauf besteht aber auch nach der Scheidung nicht.

Sie sollten versuchen, von Ihrem Mann eine sogenannte Freihalteerklärung zu bekommen, in der er sich verpflichtet, Sie von der Inanspruchnahme der Kreditgeber im Innenverhältnis freizuhalten. Diese Erklärung hat keine Gültigkeit gegenüber dem Kreditgeber, und wenn bei Ihrem Mann nichts zu holen ist, müssen Sie trotz Freihalteerklärung zahlen.

Kann der Zugewinnausgleich auch ausgeschlossen werden?

In besonderen Fällen steht dem Ehepartner kein Ausgleichsanspruch zu, auch wenn ein Zugewinn erwirtschaftet wurde. Dies ist der Fall bei grober Unbilligkeit.

Ein Beispiel für unbillige Härte:
Die Frau arbeitet und unterhält die Familie. Der Mann vertrinkt das Geld und arbeitet nicht. Hat die Frau trotzdem noch gespart, kann der Mann wegen seines schuldhaften unwirtschaftlichen Verhaltens keinen Ausgleich verlangen.

Ausgleichsforderung

Der Zugewinn ist in Geld auszugleichen. Wenn das aber in Ihrem Fall nicht möglich ist, weil Bargeld fehlt, Ihr Ehemann aber Wertgegenstände (Auto, Firmenanteil) hat, können Sie beim Gericht beantragen, daß Ihnen statt der Geldzahlung bestimmte Wertgegenstände zugesprochen werden.

Die Ausgleichsforderung verjährt in drei Jahren, gerechnet vom

Zeitpunkt der rechtskräftigen Scheidung an. Das Gericht kann auch entscheiden, daß die Ausgleichszahlung gestundet wird. Steht Ihnen eine größere Ausgleichsforderung zu, sollten Sie dafür eine entsprechende Sicherheit verlangen. Die Geldforderung nützt Ihnen nämlich nichts mehr, wenn Ihr Mann später kein Vermögen mehr hat. Lassen Sie sich von Ihrer Rechtsanwältin hierüber beraten.

Das gemeinsame Hausgrundstück

Wenn Sie sich mit Ihrem Ehemann während der Ehe ein Haus oder eine Eigentumswohnung angeschafft haben, muß bei der Trennung geregelt werden, wie Sie sich finanziell auseinandersetzen und wer weiterhin das Familienheim bewohnen soll.

Im Normalfall haben Eheleute das Familienheim als Miteigentümer je zur Hälfte gekauft und sind auch beide im Grundbuch eingetragen. Wenn Sie hier nicht sicher sind, prüfen Sie die Grundstücksunterlagen, oder sehen Sie im Grundbuch nach. Sind Sie beide Miteigentümer zur Hälfte, entsteht aus dem Hausanteil kein Zugewinn, weil die Anteile bei Ihnen und Ihrem Ehemann gleich hoch sind.

Möglich ist auch, daß nur Sie oder nur Ihr Ehemann das Alleineigentum an dem Grundstück haben. Wenn Ihr Anfangsvermögen mit Null anzusetzen ist, entsteht in diesem Fall Zugewinn bei dem Alleineigentümer. Zugewinn ist dann der Verkehrswert des Grundstücks abzüglich der darauf noch bestehenden Belastungen.

Die Berechnung des Zugewinns aber sagt noch nichts darüber aus, wer das Hausgrundstück nach der Scheidung behalten soll.

Sie können beide auch nach der Scheidung Miteigentümer bleiben. Wenn Sie beispielsweise mit den Kindern im Hause wohnen bleiben, müßten Sie Ihrem geschiedenen Mann eine Nutzungsentschädigung zahlen. Die laufende Belastung für das Haus würden Sie beide tragen, die Verbrauchskosten müßten Sie alleine bezahlen. Hinsichtlich der Reparaturen am Hause sowie öffentlicher außergewöhnlicher Belastungen wären beide Miteigentümer zahlungspflichtig. Diese Möglichkeit ist aber nur gegeben, wenn sich die Eheleute über die Verteilung der Kosten und das Nutzungsentgelt einig werden können und der Ehemann seinen Miteigentumsanteil nicht ausgezahlt bekommen will.

Wenn Sie im Hause bleiben wollen, können Sie Ihrem geschiedenen

Mann seinen Miteigentumsanteil abkaufen. Meistens verlangt der Ehemann in diesem Fall, daß er aus der Haftung für die Hausverbindlichkeiten entlassen wird und nur noch die Ehefrau haftet. Bevor die Bank schriftlich bestätigt, daß sie keine Forderung mehr gegen ihn hat, wird sie häufig von der Ehefrau weitere Sicherheiten verlangen, z. B. eine Bürgschaft der Eltern oder eine Lebensversicherung. Die Ehefrau muß sich also genau überlegen, ob sie finanziell in der Lage ist, sowohl den Ehemann auszuzahlen (dabei kann ein Zugewinnausgleichsanspruch der Ehefrau verrechnet werden) als auch die laufende Belastung weiter zu tragen.

Können sich die Eheleute über das Hausgrundstück nicht einigen, so ist es möglich, einen Antrag auf Teilungsversteigerung beim Amtsgericht zu stellen. Ähnlich wie bei der Zwangsversteigerung wird die Immobilie öffentlich versteigert. Wer diesen Weg gehen will, sollte finanziell in der Lage sein, mitzubieten und das Objekt selbst zu erwerben. Es kann sonst sein, daß das Hausgrundstück von dritten Personen oder auch dem Ehemann zu einem Preis ersteigert wird, der nicht den Erwartungen und dem tatsächlichen Wert entspricht und vielleicht auch nicht die Schulden abdeckt.

Wenn Sie mit Ihren gemeinsamen minderjährigen Kindern im Hause wohnen bleiben wollen und Ihr Ehemann die Teilungsversteigerung beantragt, weil er seinen Anteil ausgezahlt haben möchte, so können Sie die Durchführung der Versteigerung für einen Zeitraum von bis zu fünf Jahren verhindern. Voraussetzung ist in diesem Fall, daß das Wohl eines gemeinschaftlichen Kindes ernsthaft gefährdet ist, wenn das Familienheim versteigert wird. Auch hier sollten Sie sich anwaltlich beraten lassen.

Diese Möglichkeit, Ihnen und den gemeinsamen Kindern das Familienheim zu erhalten, führt jedoch nur zu dem gewünschten Erfolg, wenn Sie von Ihrem eigenen Einkommen die laufenden Gesamtkosten für das Haus bezahlen können. Sonst kann Ihr Ehemann durch Nichtzahlung der Belastung erreichen, daß die Gläubiger (z. B. die Bank) die Zwangsversteigerung betreiben; dann kommt es nicht darauf an, ob das Wohl der Kinder gefährdet ist.

3. Vereinbarungen über Trennungs- und Scheidungsfolgen

Wenn Sie und Ihr Ehemann eine einverständliche Scheidung wollen, so versuchen Sie, sich über die Scheidungsfolgen (Kindesunterhalt, Ehegattenunterhalt, Hausrat, Zugewinnausgleich und eventuell Hausgrundstück) zu einigen und eine notarielle Trennungs- und Scheidungsfolgenvereinbarung abzuschließen. Sofern Sie und Ihr Ehemann miteinander reden können, empfiehlt es sich, diese Vereinbarung möglichst bald zu schließen, da Sie dann eine klare Regelung haben und sich nicht mehr streiten müssen.

Über Zugewinn und Grundbesitz können Sie sich wirksam nur einigen, wenn Sie Ihre Vereinbarung bei einer Notarin beurkunden lassen. Eine privatschriftliche Vereinbarung zu diesen Punkten ist unwirksam.

Eine Regelung über Unterhalt und Hausrat ist auch privatschriftlich wirksam.

Wenn Sie einen Vertrag mit den Punkten Zugewinnausgleich oder Hausgrundstück schließen wollen, so ist es zweckmäßig und kostengünstig, auch Ihre Vereinbarung zum Unterhalt und zum Hausrat mit in den Vertrag aufzunehmen. Die Durchsetzung eines Unterhaltsanspruchs kann dadurch vereinfacht werden, daß Ihr Ehemann sich in der Urkunde der Zwangsvollstreckung unterwirft. Dann können Sie aus der Urkunde die Vollstreckung einleiten, wenn der Ehemann nicht zahlt.

Sofern Sie diesen Vertrag während der Trennungszeit abschließen, das Scheidungsverfahren noch nicht läuft und vielleicht auch noch nicht begonnen werden soll, sollten Sie in dem notariellen Vertrag Gütertrennung vereinbaren, damit klare finanzielle Verhältnisse geschaffen sind. Wenn Sie den Scheidungsantrag eingereicht haben und dieser ist dem Ehemann bereits zugestellt, kann die notarielle Vereinbarung über die Scheidungsfolgen auch ohne eine Gütertrennung beurkundet werden. Über diese formellen Fragen sollten Sie unbedingt mit Ihrer Rechtsanwältin oder / und der Notarin sprechen.

Voraussetzung jeder Vereinbarung mit dem Ehemann ist, daß Sie Informationen über sein Einkommen und sein Vermögen haben.

Wenn Sie sich nicht später ärgern wollen, schließen Sie keinen Vertrag, bevor Sie nicht die erforderlichen Auskünfte haben.

Wenn Sie die Unterlagen zur Berechnung eines Unterhaltsanspruchs und eines Zugewinnausgleichsanspruchs zusammen haben, lassen Sie sich anwaltlich beraten. Diese Berechnungen sind so schwierig, daß sie selbst von Juristen nicht immer richtig durchgeführt werden. Wissen Sie, was Sie wollen, so können Sie Ihrem Ehemann Vorschläge für die notarielle Vereinbarung machen.

Sollte Ihnen Ihr Ehemann vorschlagen, mit ihm zu seinem Rechtsanwalt oder Notar zu gehen und dort gleich eine Vereinbarung zu unterschreiben, so weigern Sie sich. Dies gilt ebenso für privatschriftliche Verträge, die Ihnen Ihr Ehemann zum Unterschreiben vorlegt. Auch bei notariellen Verträgen können Sie darauf bestehen, einen Entwurf zu erhalten.

Achtung:
Unterschreiben Sie nie etwas sofort. Lassen Sie sich den Vertrag geben, den Sie unterschreiben sollen, und besprechen Sie ihn unbedingt mit Ihrer Rechtsanwältin.

Sie sollten sich sicher sein, daß dies auch die für Sie richtige Lösung ist, weil Sie Ihre einmal gegebene Unterschrift praktisch nicht zurücknehmen können. Auch wenn Sie vom Ehemann überredet und fast gezwungen wurden, eine Vereinbarung zu unterschreiben, wird es in der Praxis, d. h. bei einem Streit oder einem folgenden Prozeß, selten gelingen, von dem Vertrag wieder loszukommen. Auch wenn Sie sich über die Punkte des Vertrages geirrt haben oder durch die Trennung seelisch sehr belastet waren, bleibt es nach unseren Erfahrungen meistens bei der einmal getroffenen Vereinbarung, da Sie diese *unterschrieben* haben.

Wenn Ihr Ehemann Gütertrennung vereinbaren will oder den Versorgungsausgleich ausschließen möchte, so bedenken Sie die Folgen. Bei der Vereinbarung von Gütertrennung muß vor Vertragsschluß der Zugewinnausgleich errechnet und festgelegt werden. Wenn Sie den Versorgungsausgleich ausschließen, bedenken Sie, daß Ihre Altersversorgung möglicherweise nicht gesichert ist.

Beim Ausschluß des Versorgungsausgleichs tritt automatisch Gütertrennung ein, so daß auch hier wieder vorher der Zugewinnausgleich errechnet und festgelegt werden muß. Außerdem sollten Sie wissen, daß Sie bei einem solchen Ausschluß ein Jahr warten müssen, bis Sie die Scheidung einreichen können. Tun Sie dies früher, wird die Vereinbarung unwirksam.

In jedem Fall sollten Sie sich vor Unterschreiben eines Vertrages von Ihrer Anwältin beraten lassen.

4. Was passiert mit den Schulden?

Jeder Ehepartner ist für seine Schulden selbst verantwortlich. Hat ein Ehepartner Schulden gemacht, die aus dem Zusammenleben entstanden sind (z. B. Heizkostennachforderung, Kontoüberziehung wegen gemeinsamer Urlaubsreise), hat er diese Schulden gegenüber dem Kreditgeber allein abzutragen. Er kann von dem anderen Ehepartner verlangen, daß dieser ihm die Hälfte erstattet.

Wenn Sie zusammen einen Kreditvertrag abschließen, den Sie beide unterschreiben, haften Sie gemeinsam gegenüber dem Kreditgeber. Das bedeutet, daß jeder von Ihnen für die *ganze* Summe haftet.

Versuchen Sie mit Ihrem Mann bei Trennung oder Scheidung eine klare Regelung darüber zu treffen, wer welchen Teil dieser gemeinsamen Schulden abzahlt. Dabei sollten Sie darauf achten, daß Sie intern keine Schulden übernehmen, die ausschließlich zugunsten Ihres Mannes gemacht worden sind (z. B. für seine Hobbys). Diese Vereinbarung sollten Sie beide schriftlich festhalten und unterschreiben.

Der Kreditgeber ist nicht verpflichtet, auf eine interne Vereinbarung mit Ihrem Ehemann Rücksicht zu nehmen. Zahlt Ihr Ehemann entgegen Ihrer Absprache nicht, wird die Bank Sie trotzdem voll in Anspruch nehmen. Sie können sich dann das Geld von Ihrem Mann wiederholen.

Wenn Sie sich über die Verteilung der Schulden geeinigt haben, können Sie zusätzlich versuchen, diese bei den Gläubigern durchzusetzen. Dies gelingt meist nur durch eine *Umschuldung*. Jeder Ehepartner muß allein einen neuen Kredit aufnehmen, mit dem die alten Schulden abgelöst werden. Anders sind die alten Gläubiger oft nicht bereit, einen Ehepartner aus dem gemeinsam geschlossenen Vertrag zu entlassen (siehe Musterbrief Seite 23).

Häufig wird die Umschuldung aber nur zu schlechteren Konditionen angeboten. Wenn Sie befürchten, daß sich dadurch Ihre Schulden erhöhen, lassen Sie sich beraten, z. B. von einer Schuldenberatungsstelle oder der Verbraucherzentrale.

9. KAPITEL

Was habe ich vom Versorgungsausgleich zu erwarten?

1. Was ist der Versorgungsausgleich?

Durch den Versorgungsausgleich sollen die Rentenanwartschaften (z.B. Rente, Pension und betriebliche Altersversorgung), die während der Ehe erworben wurden, gleichmäßig zwischen den Ehepartnern verteilt werden. Er hat nichts mit dem Unterhalt zu tun. Die Frauen, die in der Ehe im Gegensatz zu ihrem Mann nicht versicherungspflichtig gearbeitet haben, bekommen durch den Versorgungsausgleich eine eigenständige Rentenanwartschaft (die Hälfte der Anwartschaft des Mannes). Die Frauen, die weniger Rentenanwartschaften als der Mann in der Ehe erworben haben, erhalten die Hälfte des Unterschiedsbetrages, so daß im Ergebnis beide aus der Ehe eine gleich hohe Anwartschaft mitnehmen.

In den Genuß der durch die Scheidung erworbenen Rentenanwartschaften kommen Sie jedoch erst, wenn die Voraussetzungen für die Zahlung einer Rente bei Ihnen erfüllt sind. Der Versorgungsausgleich gibt Ihnen, wenn Sie noch keine Rente beziehen, im Zeitpunkt der Scheidung und für die Zeit danach keine greifbaren Geldmittel auf die Hand. Sie sollten ihn jedoch als Scheck für die Zukunft nicht unterschätzen, weil er Ihnen einen eigenen, wenn auch meistens geringen Versorgungsanspruch sichert, den Ihnen niemand streitig machen kann.

2. Wie ist das Verfahren?

Über den Versorgungsausgleich wird grundsätzlich zusammen mit der Scheidung entschieden.

Vom Familiengericht erhalten Sie einen Fragebogen, den Sie sorgfältig ausfüllen müssen (Versicherungsnummer, Name und Anschrift der Firma, bei der Sie unter Umständen eine Betriebsrente zu erwarten haben usw.). Sie können sich – zur Beschleunigung des Verfahrens – beim Ausfüllen der Fragebögen helfen lassen, und zwar bei der für Sie zuständigen Versicherungsanstalt (z. B. BfA, LVA, die in allen größeren Städten Zweigstellen haben) oder den Versicherungsämtern bei den Gemeinden. Oft sind nämlich noch weitere Formulare auszufüllen, z. B. für Kontenklärung oder für die Berücksichtigung der Kindererziehungszeiten. Wenn alle erforderlichen Rentenunterlagen vollständig und so schnell wie möglich beim Gericht eingereicht werden, kann das Scheidungsverfahren erheblich beschleunigt werden.

Der von Ihrem Mann ausgefüllte Fragebogen wird Ihnen bzw. Ihrer Anwältin zugesandt. Prüfen Sie, ob Ihr Mann alles angegeben hat, vor allem ob er eine Aussicht auf Betriebsrente, eine Lebensversicherung auf Rentenbasis oder Zusatzversorgungen hat. Weisen Sie das Gericht oder Ihre Anwältin darauf hin, wenn etwas fehlt. Wenn Ihr Mann innerhalb der gesetzten Frist den Fragebogen nicht zurückgesandt hat, teilen Sie dem Gericht das mit, was Sie über die zukünftige Rente Ihres Mannes wissen, wie Versicherungsnummer, Arbeitgeber, Krankenkasse. Können Sie hierzu keine Angaben machen, besteht die Möglichkeit, daß Ihr Mann unter Androhung eines Zwangsgeldes auf die Auskunft verklagt wird, insbesondere darauf, daß er die Fragebögen ausgefüllt vorlegt. Das Verfahren kann sich ansonsten verzögern.

Ist alles vollständig, erhalten Sie die Berechnung der Rentenanwartschaften vom Versicherungsträger sowie den Versicherungsverlauf. Überprüfen Sie, ob die für die Rentenversicherung maßgeblichen Zeiten (Beschäftigungszeiten, Krankheit, Schwangerschaft, Arbeitslosigkeit) in dem Versicherungsverlauf zutreffend wiedergegeben sind.

3. Kann die Ehe vor Klärung des Versorgungs-
ausgleichs geschieden werden?

Erfahrunggemäß dauert es fünf bis sechs Monate, bis die Versicherungsträger den Versicherungsverlauf bearbeitet haben. Dies wird noch
länger dauern, wenn Sie oder Ihr Mann unvollständige Angaben gemacht oder unvollständige Unterlagen eingereicht haben. Nur in Ausnahmefällen besteht die Möglichkeit, bereits vor der Klärung des Versorgungsausgleichs geschieden zu werden. Das Familiengericht trennt
dann auf Antrag Ihrer Anwältin das Verfahren über den Versorgungsausgleich ab.

Die Abtrennung erfolgt nur, wenn es für Sie unzumutbar ist, auf das
Scheidungsurteil so lange zu warten, bis alle Auskünfte zum Versorgungsausgleich eingeholt worden sind. Sind Sie z. B. schwanger und
wollen den Vater Ihres Kindes vor der Geburt heiraten, wird das Gericht Sie vorzeitig scheiden, ohne daß über den Versorgungsausgleich
gleichzeitig entschieden werden kann.

4. Wie wird der Versorgungsausgleich
durchgeführt?

Die meisten während der Ehe erworbenen Rentenanwartschaften können mit der Scheidung ausgeglichen werden (sog. öffentlich-rechtlicher
Versorgungsausgleich), aber einige erst, wenn Sie beide im Rentenalter
sind (sog. schuldrechtlicher Versorgungsausgleich).

Einfach ist es, wenn Sie und Ihr Mann nur bei öffentlichen Versicherungen versichert sind (z. B. LVA, BfA, Post, Bahn, Seekasse).

Beispiel:
Sie haben während der Ehe eine monatliche Rentenanwartschaft von
DM 100,–, Ihr Mann eine von DM 200,– erworben. Dann überträgt das
Gericht im Scheidungsfall von der Differenz zwischen DM 100,– und
DM 200,– die Hälfte der Anwartschaften, also DM 50,–, auf Ihr Versi-
cherungskonto. Der Betrag wird Ihnen gutgeschrieben, und Sie be-
kommen im Rentenalter DM 50,– Rente monatlich mehr und Ihr Mann
DM 50,– weniger.

Hat einer von Ihnen noch eine Zusatzrente, etwa bei der Bahn oder Post, wird die Hälfte des auf die Ehezeit anfallenden Anteils ebenso ausgeglichen.

Schwieriger ist es, wenn nur oder zusätzlich noch *Betriebsrenten* auszugleichen sind.

Hat Ihr Mann eine Anwartschaft auf Betriebsrente, die schon unverfallbar ist (in der Regel, wenn er schon 35 Jahre alt und 10 Jahre im Betrieb ist), wird die auf die Ehezeit entfallende Betriebsrente in den Versorgungsausgleich einbezogen. Das Gericht rechnet den Betrag aus, der auf die Ehezeit entfällt, und rechnet ihn dann in eine entsprechende Rente um.

Ihren Anteil an der Betriebsrente Ihres Mannes bekommen Sie bis zu einem bestimmten begrenzten Betrag, zur Zeit DM 74,20, aus der gesetzlichen Rentenversicherung Ihres Mannes auf Ihr Rentenkonto gutgeschrieben. Ist Ihr Anspruch höher als DM 74,20, muß Ihr Mann den überschießenden Betrag ausgleichen, indem er eine Rentenanwartschaft für Sie in der gesetzlichen Rentenversicherung kauft. Dies kann für ihn mit erheblichen Barzahlungen verbunden sein. Für DM 100,– Rente monatlich müssen zur Zeit etwa DM 20 000,– an die Rentenanstalt gezahlt werden.

Kann Ihr Mann den erforderlichen Betrag nicht aufbringen, so kann das Gericht ihm Ratenzahlungen bewilligen oder den Betrag stunden. Es kann auch den sogenannten schuldrechtlichen Versorgungsausgleich anordnen: ein Ausgleich findet dann erst statt, wenn Sie beide Rente beziehen. Auch hier gilt, daß Sie vor Beginn Ihres Rentenbezuges keinen unmittelbaren Vorteil von dem Ausgleich haben.

Besonderheiten gelten für *Beamte*. Sind Sie Beamtin und gegenüber Ihrem Ehemann ausgleichsberechtigt, werden nicht etwa Ihre Beamtenanwartschaften erhöht, weil dies bei Beamten nicht möglich ist. Dann wird für Sie ein Rentenkonto bei der BfA eingerichtet, auf das dann die auszugleichenden Rentenanwartschaften Ihres Mannes übertragen werden. Dies kann nur zu einer späteren Rente führen, wenn der Ausgleichsbetrag mindestens monatlich DM 160,– beträgt (dies entspricht der Erfüllung der Mindestwartezeit von 60 Monaten). Liegt der Ausgleich darunter, haben Sie keinen Vorteil. Dann muß beim Gericht der Antrag gestellt werden, daß der Betrag anderweitig ausgeglichen wird, z. B. durch Zahlung einer Abfindung oder durch Abschluß eines Lebensversicherungsvertrages.

Wenn das Gericht nicht mit der Scheidung den Ausgleich der Rentenanwartschaften vornehmen kann, z. B. weil eine Betriebsrente noch nicht unverfallbar ist oder einer von Ihnen ausländische Rentenanwartschaften hat oder Ihr Mann nicht genügend Geld hat, um eine rentenähnliche Leistung in bar zu erbringen, wird das Gericht insoweit auf den *schuldrechtlichen Versorgungsausgleich* verweisen.

Achtung:
Sie müssen – wenn Sie und Ihr Mann im Rentenalter sind – beim Familiengericht den Antrag auf Durchführung des schuldrechtlichen Versorgungsausgleichs stellen.

Dann haben Sie im Rentenalter eine Art Rentenanspruch gegen Ihren Mann, den Sie aber selbst durchsetzen müssen. Sieht der Betrieb eine Hinterbliebenenversorgung vor, können Sie den schuldrechtlichen Versorgungsausgleichsanspruch auch über den Tod Ihres geschiedenen Mannes hinaus gegenüber dem Betrieb geltend machen.

5. Verzicht auf den Versorgungsausgleich und andere Vereinbarungen

Bevor Sie auf den Versorgungsausgleich verzichten, sollten Sie sich beraten lassen, damit Sie wissen, worauf Sie ggf. verzichten.

Der Ausschluß des Versorgungsausgleichs hat automatisch die Gütertrennung ab Vertragsschluß zur Folge. Es endet dann die Zugewinngemeinschaft. Wenn Sie aber wollen, daß die Zugewinngemeinschaft trotz Verzichts auf den Versorgungsausgleich weiter bestehen bleibt, so muß dies ausdrücklich in den notariellen Vertrag aufgenommen werden.

Ein Verzicht auf den Versorgungsausgleich ist dann sinnvoll, wenn Sie Rentenanwartschaften in der gesetzlichen Rentenversicherung erworben haben, während Ihr Mann nur durch den Abschluß von Lebensversicherungen für sein Alter vorgesorgt hat. In diesem Fall wären Sie Ihrem Mann ausgleichspflichtig, denn die Lebensversicherungen (in der Regel Kapitalversicherungen) fallen nicht in den Versorgungsausgleich. Haben Sie während der Ehe gleich viel oder mehr als Ihr Mann verdient, kann ein Verzicht ebenfalls sinnvoll sein. Allerdings müssen Sie genau überprüfen lassen, ob Ihre Rentenanwartschaften tatsächlich genauso hoch oder höher als die Ihres Mannes sind oder ob Ihr Mann unter Umständen noch eine betriebliche Altersversorgung hat.

Ein Verzichtsvertrag vor Einleitung des Scheidungsverfahrens muß notariell beurkundet sein. Der Vertrag ist nur *wirksam*, wenn Sie mit der Einreichung des Scheidungsantrages nach Vertragsschluß ein Jahr warten. Wird der Scheidungsantrag vor dieser Jahresfrist gestellt, wird der Vertrag unwirksam. Wenn Sie nachträglich gegen den Vertrag Bedenken bekommen, sollten Sie den Scheidungsantrag während der Jahresfrist einreichen.

Während des Scheidungsverfahrens kann der Verzicht entweder notariell oder vor Gericht mit zwei Rechtsanwälten vereinbart werden. Das Gericht muß die Vereinbarung allerdings genehmigen. Tut es das nicht, muß der Versorgungsausgleich durchgeführt werden. Einen bloßen Verzicht – ohne Gegenleistung – darf das Gericht nicht genehmigen. Sie können auch nicht vereinbaren, daß gesetzliche Rentenanwartschaften übertragen werden. Sie können aber beispielsweise anstelle der Übertragung von Rentenanwartschaften als Ausgleich die Übertragung eines entsprechenden Vermögenswertes (Geld oder Grundbesitz) vereinbaren. In jedem Fall sollten Sie sich aber über die beiderseitigen Versorgungsanwartschaften beraten lassen, unter Umständen sogar bei einem Rentenberater.

Eine schnellere Scheidung erreichen Sie jedoch durch einen solchen genehmigungspflichtigen Vertrag in den meisten Fällen nicht. Das Familiengericht besteht meist auf Einreichung der Fragebögen zur Erteilung der Rentenauskünfte, da es erst bei Vorliegen der Zahlen prüfen kann, ob die Versorgungen gleichwertig sind oder eine angemessene Absicherung zu erwarten ist. Hiervon ist dann die Genehmigung abhängig.

6. Wann wird der Versorgungsausgleich ausgeschlossen?

Wenn Sie der Meinung sind, daß die Durchführung des Versorgungsausgleichs grob unbillig wäre, können Sie bei dem Familiengericht beantragen, den Versorgungsausgleich ganz oder teilweise auszuschließen. Der teilweise Ausschluß bedeutet, daß das Familiengericht nicht den vollen Ausgleichsbetrag, sondern nur einen reduzierten überträgt. Gibt es irgendwelche Anhaltspunkte dafür, daß es in Ihrem Fall ungerecht ist, wenn Sie Rentenanwartschaften an Ihren Mann abgeben, teilen Sie entsprechende Tatsachen dem Gericht mit. Ob es grob unbillig ist, hängt davon ab, warum gerade Sie mehr Rentenanwartschaften als Ihr Mann erworben haben.

- Wenn Sie z. B. berufstätig waren, überwiegend die Kinder versorgt, die ganze Familie finanziell unterstützt haben, während Ihr Mann studiert hat, kommt ein Ausschluß oder eine Reduzierung des Versorgungsausgleichs in Betracht.
- Unbillig kann es in den Fällen der Gütertrennung sein, wenn Sie Rentenanteile erworben haben, während Ihr Mann als Selbständiger seine Altersversorgung durch Lebensversicherungen abgesichert hat. In diesem Fall würden die Lebensversicherungen nicht ausgeglichen, da sie nicht in den Versorgungsausgleich fallen. Sie wären aber ausgleichspflichtig. Deshalb müssen Sie in diesem Fall beim Gericht einen Antrag stellen, daß der Versorgungsausgleich nicht durchgeführt wird.
- Wenn Ihr Mann Vermögen hat und dadurch seine Altersversorgung abgesichert ist, ist er nicht auf den Versorgungsausgleich angewiesen.
- Wenn Ihr Mann längere Zeit nicht zum Unterhalt der Familie beigetragen hat, obwohl ihm das möglich gewesen wäre, ist auch ein Ausschluß des Versorgungsausgleichs zu erwägen.
- Hat Ihr Mann Einfluß auf die Höhe seiner Rentenanwartschaften genommen, indem er kurz vor der Scheidung sich alle Einzahlungen aus einer betrieblichen Pensionskasse zurückerstatten läßt, kommt der Ausschluß des Versorgungsausgleichs ebenfalls in Betracht.

Darüber, ob und wie in diesen Fällen der Versorgungsausgleich zwischen Ihnen und Ihrem Mann stattfindet, entscheidet allein das Familiengericht. Sie haben nur die Möglichkcit, dem Gericht mitzuteilen, warum Ihrer Meinung nach der Versorgungsausgleich nicht oder nur herabgesetzt vorgenommen werden soll. Wie beim Verzicht wird das Familiengericht in der Regel trotzdem die Auskunft von den Versorgungsträgern einholen, um zu prüfen, welche Versorgungsanwartschaften erworben wurden.

7. Was ist nach der Scheidung zu beachten?

Es ist ratsam, sich nach der Scheidung beim Versorgungsträger oder beim Rentenberater zu erkundigen, ob Sie genügend Rentenanwartschaften für die Zahlung einer Rente angesammelt haben. Falls nicht, können Sie Rentenanwartschaften durch eine versicherungspflichtige Tätigkeit aufstocken.

Wenn mit dem Scheidungsurteil noch nicht alle Rentenanwartschaften ausgeglichen werden konnten, heißt es auch nach der Scheidung aufpassen. Bewahren Sie sämtliche Auskünfte und Berechnungen auf. Auch die Satzungen der Betriebsrentenkassen sind wichtig. Diese Unterlagen sollten Ihnen von Ihrer Anwältin ausgehändigt und gut aufgehoben werden.

Hat das Gericht Ihren Mann zu einer Ausgleichszahlung in der Rentenversicherung, z. B. wegen einer Betriebsrente, verpflichtet, ggfs. auch mit Raten (siehe Seite 141), müssen Sie von sich aus überprüfen, ob Ihr Mann diese Verpflichtung einhält. Unter Umständen müssen Sie aus dem Urteil vollstrecken oder entsprechende Anträge beim Familiengericht stellen. Zahlt Ihr Mann den Ausgleichsbetrag oder die Raten bis zu Ihrem Rentenalter nicht, müssen Sie einen Antrag auf schuldrechtlichen Versorgungsausgleich stellen.

Im Rentenalter können Sie außerdem einen Antrag auf Durchführung des schuldrechtlichen Versorgungsausgleichs beim Familiengericht stellen, insbesondere wenn Ihr Mann inzwischen eine Betriebsrente bekommt, die bei der Scheidung noch nicht unverfallbar war und deshalb noch nicht ausgeglichen wurde (siehe Seite 142).

Wenn Sie oder Ihr Mann 55 Jahre alt sind oder einer von Ihnen Rente bezieht, kann die Versorgungsausgleichsentscheidung des Gerichts auf Antrag abgeändert werden. Die Entscheidung kann nämlich falsch geworden sein, weil die Rente inzwischen anders bewertet wird (z. B. andere Rechtsvorschriften oder vorzeitiger Ruhestand).

Sie sollten aber auf jeden Fall, bevor Sie einen Antrag beim Gericht stellen, durch einen Rentenberater überprüfen lassen, ob sich der schuldrechtliche Versorgungsausgleich oder ein Abänderungsantrag wirklich zu Ihren Gunsten auswirkt.

Versorgungsausgleich

10. KAPITEL

Was sind die Besonderheiten in den neuen Bundesländern?

1. Brauche ich eine Anwältin?

Vor den Kreisgerichten gab es grundsätzlich keinen Anwaltszwang. Jeder Ehegatte konnte sich selbst vertreten und seine Ansprüche selbst geltend machen. Mit der Einführung der neuen Gerichtsbarkeit (Amtsgericht) in den neuen Bundesländern muß sich auch hier jeder, der eine Ehesache betreiben will, anwaltlich vertreten lassen. Eine Ausnahme gilt vorübergehend noch für diejenigen, die Ihre Klage bzw. Ihren Antrag bereits beim Kreisgericht eingereicht haben, die aber nun infolge der Gerichtsumstellung vor dem Amtsgericht zur Verhandlung und Entscheidung kommen.

Es ist jeder Frau im Hinblick auf die im Verfahren auftretenden komplizierten Rechtsfragen und die nachhaltigen Wirkungen der Entscheidungen dringend zu raten, eine Anwältin zu bevollmächtigen.

Im Beitrittsgebiet gelten im übrigen die gleichen Voraussetzungen für die Gewährung von Prozeßkostenhilfe und Beratungshilfe wie in den übrigen Bundesländern (vgl. S. 107 ff), d. h., wenn Sie nicht in der Lage sind, die Gerichts- und Anwaltskosten aufzubringen, kann Ihre Anwältin für Sie einen entsprechenden Prozeßkostenhilfeantrag beim Familiengericht stellen.

2. Muß ich getrennt leben?

Der Antrag auf Ehescheidung konnte nach dem Familienrecht der DDR dann eingereicht werden, wenn einer der Ehepartner der Überzeugung war, daß die Ehe gescheitert ist und ihren Sinn für die Eheleute und die Kinder verloren hat; eine Trennung war nicht Voraussetzung.

Seit dem 3. 10. 1990 hat dem Ehescheidungsantrag mindestens ein Trennungsjahr vorauszugehen.

3. In der DDR geschieden – bekomme ich Ehegattenunterhalt?

Wenn Sie vor dem Wirksamwerden des Beitritts rechtskräftig geschieden wurden, bleibt bezüglich des Anspruchs auf Ehegattenunterhalt das bisherige DDR-Recht des Familiengesetzbuches für Sie maßgebend.

Das bedeutet, daß ein Antrag auf Unterhalt nur im Scheidungsverfahren gestellt werden konnte und in der Regel auf maximal zwei Jahre befristet war. Auch wenn Sie nach heutiger Rechtslage Anspruch auf Unterhalt gegen Ihren geschiedenen Mann hätten, ist ein solcher nicht mehr mit gerichtlicher Hilfe durchsetzbar, es sei denn, Ihr Mann wäre vor dem 3. 10. 1990 in die alten Bundesländer übergesiedelt.

4. Wie ist der Kindesunterhalt zu bemessen?

Auch in den neuen Bundesländern gelten seit dem 3. 10. 1990 die Regelungen bezüglich des Unterhalts wie in den alten Bundesländern. Vorab wurden mit der Wirtschafts- und Währungsunion, also zum 1. 7. 1990, die Beträge, die in Titeln aus Scheidungs- und Unterhaltsverfahren sowie Urkunden der ehemaligen Jugendämter verankert waren, im Verhältnis 1 : 1 umgestellt. Der Regelunterhalt, d. h. der Unterhalt für nichteheliche Kinder, wird erst seit dem 3. 10. 1990 geschuldet.

Wie in den Altbundesländern wurden auch in den fünf neuen Bundesländern Tabellen zur Unterhaltsbemessung erstellt, die zum Teil – vor allem hinsichtlich Selbstbehalt und Anspruch von in der Ausbildung befindlichen Kindern – voneinander abweichen. Die Tabellen beziehen sich, wie in der Düsseldorfer Tabelle, auf die Unterhaltsverpflichtung gegenüber einem Ehegatten und zwei minderjährigen Kindern.

So schwankt der Selbstbehalt für Erwerbstätige gegenüber minderjährigen Kindern zwischen DM 1170,– (Berliner und Sächsische Tabelle) und DM 1000,– (Thüringer Tabelle) sowie für Nichterwerbstätige zwischen DM 1040,– (Sächsische Tabelle) und DM 900,– (Cottbus und Frankfurt/Oder). Fragen Sie wegen der örtlichen Unterhaltssätze Ihre Anwältin.

Die Unterhaltstitel aus DDR-Entscheidungen können Sie zugunsten Ihrer Kinder abändern lassen, da der darin festgesetzte Unterhalt nicht im mindesten mehr den Bedarf deckt.

Scheinbar problematisch sind die gemischten Ost-West-Unterhaltsfälle, d.h., das Kind lebt in den Altbundesländern, der Vater im Osten Deutschlands bzw. umgekehrt. Da die Lebensbedingungen zwischen den alten und neuen Bundesländern noch nicht angeglichen sind, kann die erforderliche Angleichung nicht über das Unterhaltsrecht herbeigeführt werden. Aufgrund der unterschiedlichen Einkünfte und unter Beachtung des Selbstbehalts ist ein Unterhaltspflichtiger, der in den neuen Bundesländern wohnt und mehreren Kindern zum Unterhalt verpflichtet ist, oft nur zur Unterhaltsleistung auf der Basis einer Mangelfallberechnung heranzuziehen.

Für die Differenz zum gesetzlichen Regelbedarf greift auch in den neuen Bundesländern das Gesetz über die Zahlung von Unterhaltsvorschuß. Zu beachten ist jedoch, daß der Staat nur für Kinder bis zur Vollendung des 12. Lebensjahres in Vorleistung tritt. Wenden Sie sich wegen des Antrags an das zuständige Jugendamt an Ihrem Wohnsitz.

5. Wie ist das mit dem Besuchsrecht?

Nach dem Familienrecht der ehemaligen DDR wurde im Rahmen des Ehescheidungsverfahrens auch über das Sorgerecht für die aus der Ehe hervorgegangenen ehelichen Kinder entschieden. Das alleinige Sorgerecht wurde einem Elternteil zugesprochen. Dieser bestimmte, ob und wann der nicht sorgeberechtigte Elternteil ein Umgangsrecht mit den Kindern hatte. Der nicht sorgeberechtigte Elternteil hatte keinen über das Gericht durchsetzbaren Rechtsanspruch auf Umgang mit den Kindern. Seit dem 3.10.1990 steht auch ihm ein mit Hilfe des Familiengerichts durchsetzbares Umgangsrecht zu.

Wenn Sie bisher allein das Sorgerecht ausgeübt haben und der Vater sich jetzt wegen eines Umgangsrechtes an Sie wenden sollte, so ist zu empfehlen, mit ihm eine Regelung zum Besuchsrecht zu treffen. Im Mittelpunkt dieser Regelung sollte immer das Wohl der Kinder stehen. Sie sollten sich vor der Festlegung eines festen Besuchsrhythmus vom Jugendamt oder Kinderpsychologen beraten lassen.

6. Hat sich das eheliche Güterrecht geändert?

Mit dem 3.10.1990 hat sich für fast jedes Ehepaar der Güterstand kraft Gesetzes geändert.

In der DDR lebten alle Eheleute bis auf ganz wenige Ausnahmen im gesetzlichen Güterstand der Eigentums- und Vermögensgemeinschaft. Das bedeutete z. B., daß alles, was ein Ehepartner während der Ehe von seinem Einkommen anschaffte, automatisch auch Eigentum des anderen Ehepartners – also gemeinschaftliches Eigentum – wurde. Am 3.10.1990 ist an die Stelle der Eigentums- und Vermögensgemeinschaft die Zugewinngemeinschaft getreten. Bei Neuanschaffungen, aber auch bei Wertanlagen bzw. Ersparnissen entsteht jetzt Alleineigentum (vgl. S. 127). So kommen z. B. die Gläubiger Ihres Mannes nicht mehr an Ihr Vermögen heran.

Jeder Ehegatte hatte bis zum 2.10.1990 die Möglichkeit, dem Wechsel in den Güterstand der Zugewinngemeinschaft durch notariell beurkundete Erklärung gegenüber dem Kreis- bzw. Amtsgericht zu widersprechen. In diesem Fall gilt der alte Güterstand fort.

7. Was geschieht mit dem während der Ehe bis zum 2.10.1990 entstandenen gemeinschaftlichen Eigentum im Falle der Scheidung?

Eine Auseinandersetzung ist nicht mehr – wie einst im Familiengesetzbuch vorgeschrieben – zwingend notwendig. Wenn Sie sich nicht außergerichtlich geeinigt oder keine Anträge auf Auseinandersetzung beim Familiengericht gestellt haben, besteht auch nach der

Ehescheidung das gemeinschaftliche Eigentum fort. Einer Auseinandersetzung ist jedoch wegen der Rechtsklarheit unbedingt der Vorzug zu geben.

Mit der Auseinandersetzung des gemeinschaftlichen Vermögens und des gemeinsamen Hausrats entsteht Alleineigentum.

Grundsätzlich soll jeder Ehegatte einen gleichen Anteil erhalten. Dies erfordert im Ergebnis der Auseinandersetzung eine ausgeglichene Verteilung (Einzelheiten siehe Seite 127).

Sind Sie im Grundbuch Ihres Hausgrundstücks gemeinsam mit Ihrem Ehemann als gemeinschaftliche Eigentümer eingetragen, kann dieses Grundstück nun auch beiden Eheleuten zu Miteigentum übertragen werden. Entgegen der Rechtsprechung der DDR wird auf Antrag Alleineigentum an Hausgrundstücken nur noch dann begründet, wenn der Begründung von Miteigentum triftige Gründe entgegenstehen.

In dieser schwierigen Problematik lassen Sie sich bitte von Ihrer Anwältin beraten.

8. Was geschieht mit dem Mietvertrag?

Nach dem Familienrecht der DDR waren beide Ehepartner, auch wenn nur einer den Mietvertrag unterzeichnet hatte, Mieter der gemeinsamen ehelichen Wohnung. Die Eheleute konnten sich außergerichtlich darüber einigen, wer das Mietverhältnis an der ehelichen Wohnung nach der Ehescheidung allein fortsetzt. Kam es zu keiner Einigung, entschied das Gericht. Mit der Rechtskraft der Entscheidung schied der andere Ehepartner aus dem Mietvertrag aus. Einer formalen Kündigung bedurfte es nicht. Der Vermieter hatte grundsätzlich kein Mitspracherecht.

Wenn Sie sich jetzt mit Ihrem Mann einig sind, daß er das alleinige Mietverhältnis an der ehelichen Wohnung nach der Ehescheidung fortsetzt, so müssen Sie Ihren Vermieter um Ihre Entlassung aus dem Mietvertrag bitten. Weigert er sich, können Sie innerhalb eines Jahres nach der Scheidung die Umschreibung des Mietvertrages gerichtlich erzwingen (siehe Seite 35).

Die Entlassung aus dem Mietverhältnis ist auch notwendig, wenn

Sie vor dem 3.10.1990 die Wohnung mit Ihrem Ehemann bezogen haben und ein schriftlicher Mietvertrag mit dem Vermieter nicht abgeschlossen wurde. Nach dem Zivilgesetzbuch der DDR war ein Mietverhältnis auch ohne schriftlichen Mietvertrag wirksam zustande gekommen. Eheleute waren immer gemeinsam Mieter der Wohnung.

Anhang

Frauenberatung als Hilfe zur Selbsthilfe

Es hat sich herausgestellt, daß es vielen Frauen hilft, sich unabhängig von der Beratung bei einer Anwältin mit anderen Frauen zusammenzutun, und ihre Situation zu besprechen. Aus diesem Bedürfnis heraus haben sich in einigen Städten Frauenberatungsgruppen gebildet. Diese machen es sich zur Aufgabe, anderen Frauen in der Scheidungssituation bei ihren Problemen und Schwierigkeiten zu helfen, sie bei Behördengängen zu unterstützen und sie über ihre Rechte zu informieren. Sie zeigen den Frauen, daß sie mit ihren Problemen nicht allein stehen, und machen ihnen Mut, das Scheidungsverfahren nicht nur zu beginnen, sondern auch durchzustehen. Gerade in der Umbruchsituation der Trennung vom Mann ist die Unterstützung der betroffenen Frauen auf dem Weg zu Selbstfindung, Selbstvertrauen, Selbständigkeit, Kritikfähigkeit notwendig und auch erfolgreich.

Für diese Beratungsgruppen soll unser Scheidungsratgeber ein Hilfsmittel sein. Wir halten es für wichtig, daß sich die beratenden Frauen auch mit den Rechtsfragen beschäftigen. Wenn die betroffenen Frauen ihre Rechte kennen, können sie selbstbewußter gegenüber ihren Männern, den Behörden, aber auch gegenüber ihrer Anwältin auftreten.

Es gibt ein Gesetz, das die Rechtsberatung durch Nichtjuristen verbietet. Aber kein Gesetz kann den Frauen verbieten, rechtliche Informationen auszutauschen. Diese Informationen können jedoch den Gang zur Anwältin zu einem späteren Zeitpunkt nicht ersetzen.

Adressen

Die aktuellen Adressen der autonomen Frauenhäuser erfahren Sie

1. für die alten Bundesländer bei der

ZIF (Zentrale Informationsstelle für autonome Frauenhäuser)
Postfach 10 41 43
34041 Kassel
Tel.: 05 61 / 8 43 13

2. für die neuen Bundesländer bei der

«Ost-Arbeitsgemeinschaft Frauenhäuser»
c/o 3. Autonomes Frauenhaus Berlin
Postfach 02 36
10322 Berlin
Tel.: 0 30 / 5 53 15 05

3. bei den Landesarbeitsgemeinschaften bzw. Koordinationsstellen der autonomen Frauenhäuser:

Baden-Württemberg
Koordinationsstelle der autonomen Frauenhäuser Baden-Württemberg
Postfach 65 72
76045 Karlsruhe
Tel.: 07 21 / 59 26 24

Bayern
Landesarbeitsgemeinschaft der autonomen Frauenhäuser Bayern Frauenhaus e. V.

Postfach 41 62
97409 Schweinfurt
Tel.: 0 97 21 / 1 65 98

Berlin
Landesarbeitsgemeinschaft der
Frauenhäuser Berlin
3. autonomes Frauenhaus
Postfach 02 36
10322 Berlin
Tel.: 0 30 / 5 59 35 31

Brandenburg
Landesarbeitsgemeinschaft der
Frauenhäuser Brandenburg
Belladonna e. V.
Postfach 439
15024 Frankfurt / Oder
Tel.: 03 35 / 6 40 59

Hessen
Landesarbeitsgemeinschaft
der autonomen Frauenhäuser
Hessen Verein Frauenhaus
Postfach 14 39
65534 Limburg
Tel.: 0 64 31 / 2 32 00

Niedersachsen
Landesarbeitsgemeinschaft der
autonomen Frauenhäuser
Niedersachsen
Frauenhaus e. V.
Postfach 14 29
38004 Braunschweig
Tel.: 05 31 / 34 34 74 oder 34 72 52

Mecklenburg-Vorpommern
Landesarbeitsgemeinschaft der
Frauenhäuser Mecklenburg-
Vorpommern
Frauenhaus Güstrow
Postfach 54
18261 Güstrow
Tel.: 0 38 43 / 6 31 86

Nordrhein-Westfalen
Landesarbeitsgemeinschaft der
autonomen Frauenhäuser
Nordrhein-Westfalen
c / o Cornelia Lessenich-
Drucklieb
Ingrid Süße
Koblenzer Str. 20
57072 Siegen
Tel.: 02 71 / 5 25 93

Rheinland-Pfalz
Landesarbeitsgemeinschaft der
autonomen Frauenhäuser
Rheinland-Pfalz
Frauenhaus Mainz
Postfach 40 43
55030 Mainz
Tel.: 0 61 31 / 22 10 10

Sachsen
Landesarbeitsgemeinschaft der
Frauenhäuser Sachsen
Frauenhaus Dresden
Postfach 21 01 30
01261 Dresden
Tel.: 03 51 / 33 22 33

Sachsen-Anhalt
Landesarbeitsgemeinschaft der
Frauenhäuser Sachsen-Anhalt
Frauenhaus Wolfen
Postfach 11 18
06754 Wolfen
Tel.: 03494/632056

Schleswig-Holstein
Landesarbeitsgemeinschaft der
autonomen Frauenhäuser
Schleswig-Holstein
Frauenhaus Neumünster
Postfach 1552
24505 Neumünster
Tel.: 04321/46733

Stadtstaaten (Bremen, Hamburg)
Landesarbeitsgemeinschaft der
autonomen Frauenhäuser in den
Stadtstaaten
Frauenhaus Bremen
Postfach 106751
28067 Bremen
Tel.: 0421/349573

Thüringen
Landesarbeitsgemeinschaft der
Frauenhäuser Thüringen
Frauenhaus Gera
Postfach 149
07502 Gera
Tel.: 0365/51390

«Wir können uns nicht leisten, die Hälfte der Menschheit zu vergessen oder sie in ihrem Potential nicht voll auszunutzen; und dazu gehört das Führungspotential der Frau.»
Prof. Peter Schmitt in seinem Vorwort zu Prof. Sonja Bischoffs Buch

Sonja Bischoff
Frauen zwischen Macht und Mann - Männer in der Defensive *Führungskräfte in Zeiten des Umbruchs*
(rororo sachbuch 8586)

Dorothea Assig
Mut gehört dazu *Informationen für Frauen, die beruflich selbständig sind oder werden wollen*
(rororo sachbuch 8343)

M. Hennig / A. Jardim
Frau und Karriere *Erwartungen, Vorstellungen, Verhaltensweisen*
(rororo sachbuch 8376)

Ruth Markel
Kariere ist weiblich *Wegweiser für Frauen in ein erfolgreiches Berufsleben*
(rororo sachbuch 8501)
Die Autorin, erfolgreiche Unternehmerin und Unternehmensberaterin, veranstaltet seit vielen Jahren Seminare für erfolgsbewußte Frauen. Ihre Erkenntnisse und Erfahrungen hat sie in diesem praxisnahen, und hilfreichen Buch zusammengefaßt.

Marlene Kück (Hg.)
Der unwiderstehliche Charme des Geldes *Vom Umgang mit Geld aus der Sicht der Frauen*
(rororo sachbuch 8506)

Ulla Dick
Netzwerke und Berufsverbände für Frauen *Ein Handbuch*
(rororo sachbuch 9167)
Netzwerke und Berufsverbände für Frauen etablieren sich zunehmend und leisten für Frauen das, was für Männer seit Generationen im Berufsleben selbstverständlich ist, nämlich Interessenvertretung, Informationen, Weiterbildung, Kontakte – Ulla Dick hat erstmals eine umfassende Übersicht zusammengestellt.

Evelyn Schultz-Medow
Nehmen Sie kein Blatt vor den Mund *Ein Rede-Kurs für Frauen*
(rororo sachbuch 8433)

Sämtliche Bücher und Taschenbücher zum Thema finden Sie in der *Rowohlt Revue*. Jedes Vierteljahr neu. Kostenlos in Ihrer Buchhandlung.

Robin Norwood
Wenn Frauen zu sehr lieben *Die heimliche Sucht, gebraucht zu werden*
(rororo sachbuch 9100)
«Ein Buch, das das Leben von Frauen verändert.»
Erica Jong
Briefe von Frauen, die zu sehr lieben *Betroffene machen Hoffnung*
(rororo sachbuch 9155)

Doritt Cadura-Saf
Das unsichtbare Geschlecht
Frauen, Wechseljahre und Älterwerden
(rororo sachbuch 8085)
Frauen kommen in die Wechseljahre. Die Autorin hat erfahren, was das bedeuten kann. Was mit Frauen passiert, wenn sie älter werden, wie sich ihr Körper, ihr Bewußtsein, ihr Selbstwertgefühl verändern. Wie die Gesellschaft mit ihnen umgeht. Aber auch: welche Chancen für einen Neubeginn diese Lebenskrise bietet.

Rosetta Reitz
Wechseljahre *Ermutigung zu einem neuen Verständnis*
(rororo sachbuch 7356)

Frank Nestmann / Christiane Schmerl (Hg.)
Frauen – das hilfreiche Geschlecht
Dienst am Nächsten oder soziales Expertentum?
(rororo sachbuch 8894)
Frauen tragen die Hauptlast in den sozialen, psychologischen und gesundheitlichen Hilfsdiensten. Dieses Buch will dazu beitragen, diesen Anteil der Frauen an den «hilflosen Helfern» bewußt zu machen.

Ute Gerhard
Unerhört *Die Geschichte der deutschen Frauenbewegung*
(rororo sachbuch 8377)
Eine spannende und lebendig geschriebene Chronik aus der Geschichte der Hälfte der Menschheit.

Lynn Z. Bloom / Karen Coburn / Joan Pearlman
Die selbstsichere Frau *Anleitung zur Selbstbehauptung*
(rororo sachbuch 7281)

Uta van Deun / Peter Kutter
Ich hab' dich nicht gewollt, mein Kind *Eine schwierige Liebe zwischen Mutter und Tochter*
(rororo sachbuch 9115)

Dorothee Schmitz-Köster
Frauen ohne Kinder *Motive, Konflikte, Argumente*
(rororo sachbuch 8336)

Sämtliche Bücher und Taschenbücher zum Thema finden Sie in der *Rowohlt Revue.* Jedes Vierteljahr neu. Kostenlos in Ihrer Buchhandlung.

Heidi Hassenmüller
Gute Nacht, Zuckerpüppchen
(rororo rotfuchs 614)

Margret Steenfatt
Nele *Ein Mädchen ist nicht zu gebrauchen*
(rororo rotfuchs 437)

Wendy Maltz
Sexual Healing *Ein sexuelles Trauma überwinden*
(rororo zu zweit 9326)

Deborah Moggach
Rot vor Scham *Geschichte einer zerstörten Unschuld*
(rororo 5559)

Barbara Kavemann / Ingrid Lohstöter
Väter als Täter *Sexuelle Gewalt gegen Mädchen*
«Erinnerungen sind wie eine Zeitbombe»
(rororo aktuell 5250)

Caren Adams / Jennifer Fay
Ohne falsche Scham *Wie Sie Ihr Kind vor sexuellem Mißbrauch schützen können*
(mit kindern leben 8498)
Die meisten Fälle von sexuellem Mißbrauch finden im Bekannten- und Familienkreis eines Kindes statt. Diesen Realitäten können Eltern angemessen dadurch begegnen, indem sie eigene Hemmungen abbauen und durch offene Gespräche das Selbstbewußtsein und die Fähigkeit, «nein» zu sagen, bei ihren Kindern stärken. - Ein aufklärender und sensibler Ratgeber für Eltern.

Betsy Petersen
Meines Vaters Tochter *Analyse eines Mißbrauchs*
208 Seiten. Broschiert

ROSEMARIE STEINHAGE

SEXUELLE GEWALT–
Kinderzeichnungen als Signal

rowohlt

Rosemarie Steinhage
Sexuelle Gewalt - *Kinderzeichnungen als Signal*
(rororo sachbuch 9158)
Die Autorin erläutert anhand von mehr als 120 Zeichnungen, die über mehrere Jahre hinweg aus ganz Deutschland zusammengetragen wurden, wie der sexuelle Mißbrauch und seine Folgen in den Zeichnungen von Mädchen und Jungen sichtbar werden.
Sexueller Missbrauch an Mädchen
Ein Handbuch für Beratung und Therapie
(rororo sachbuch 8582)
Das Buch richtet sich an alle, die mit von sexuellem Mißbrauch betroffenen Mädchen und Frauen konfrontiert sind: soziale, pädagogische, psychologische, medizinische oder juristische Fachkräfte, sowie Familieangehörige, Freunde und Bekannte.